A CONQUISTA DA
OPINIÃO PÚBLICA

COMO O DISCURSO MANIPULA
AS ESCOLHAS POLÍTICAS

Conselho Acadêmico
Ataliba Teixeira de Castilho
Carlos Eduardo Lins da Silva
Carlos Fico
Jaime Cordeiro
José Luiz Fiorin
Tania Regina de Luca

Proibida a reprodução total ou parcial em qualquer mídia
sem a autorização escrita da editora.
Os infratores estão sujeitos às penas da lei.

A Editora não é responsável pelo conteúdo deste livro.
O Autor conhece os fatos narrados, pelos quais é responsável,
assim como se responsabiliza pelos juízos emitidos.

Consulte nosso catálogo completo e últimos lançamentos em **www.editoracontexto.com.br**.

A CONQUISTA DA OPINIÃO PÚBLICA

COMO O DISCURSO MANIPULA AS ESCOLHAS POLÍTICAS

PATRICK CHARAUDEAU

Tradução
Angela M. S. Corrêa

Copyright © 2016 do Autor

Todos os direitos desta edição reservados à
Editora Contexto (Editora Pinsky Ltda.)

Montagem de capa
Gustavo S. Vilas Boas

Diagramação
Silvia Janaudis

Preparação de textos
Lilian Aquino

Revisão
Daniela Marini Iwamoto

Dados Internacionais de Catalogação na Publicação (CIP)
Angélica Ilacqua CRB-8/7057

Charaudeau, Patrick
A conquista da opinião pública: como o discurso manipula as
escolhas políticas / Patrick Charaudeau; tradução de Angela M.
S. Corrêa. – São Paulo : Contexto, 2020.
192 p.

Bibliografia.
ISBN 978-85-7244-960-1

1. Análise do discurso 2. Opinião pública 3. Política pública
4. Poder (Ciências sociais) I. Título II. Corrêa, Angela M. S.

16-0305   CDD-401.41

Índice para catálogo sistemático:
1. Análise do discurso

2020

EDITORA CONTEXTO
Diretor editorial: *Jaime Pinsky*

Rua Dr. José Elias, 520 – Alto da Lapa
05083-030 – São Paulo – SP
PABX: (11) 3832 5838
contato@editoracontexto.com.br
www.editoracontexto.com.br

Sumário

INTRODUÇÃO 9

O "conflito" como norma social 10

O poder, questão de "legitimidade", de "autoridade"
e de "potência" 13

O poder político 19

O QUE É A OPINIÃO PÚBLICA? 23

Um pré-requisito: como se constrói a identidade coletiva 23

A construção identitária 24

A identidade coletiva, um cruzamento de olhares 26

A defesa da identidade coletiva 29

O grupo que se isola 30

A dominação do outro grupo 31

A mistura do grupo 32

Da opinião coletiva à opinião pública 33

A opinião coletiva 35

A opinião pública 37

A ascensão da opinião pública 39

A fabricação da opinião pública 43

A opinião pública por reação (*Basta ya!*) 44

A opinião pública por atribuição (o efeito de espelho) 47

Uma confusão a evitar: a opinião não é o eleitorado 49

Algumas categorias de eleitores e cidadãos 52

Existe um eleitorado popular? A quem ele pertence? 55

A consciência cidadã. O difícil paradoxo 62

A MANIPULAÇÃO DA OPINIÃO PÚBLICA 67

A manipulação no mundo político 70

A manipulação pelo discurso de sedução 71

A credibilidade, uma aposta da razão 73

O carisma, uma voz do além 75

Diferentes figuras de carisma 80

A manipulação pelo discurso de dramatização 88

O apelo aos sentimentos 89

A encenação do drama político 90

A manipulação pela exaltação dos valores 96

A matriz ideológica da direita francesa 98

A matriz ideológica da esquerda 103

O discurso populista como reciclagem

dos discursos extremistas 107

A vitimização do povo 108

O líder populista 108

A satanização dos culpados 111

A exaltação dos valores 114

O discurso populista como fator de embaralhamento

das oposições políticas 115

A manipulação no mundo midiático 120

Da superdramatização da informação
à "peopolização" do político 121

A peopolização 121

A manipulação pelas pesquisas de opinião 124

A pesquisa de opinião é um discurso 126

Diferentes tipos de pesquisa de opinião 128

Um espelho deformante da sociedade 132

Análise de uma pesquisa de opinião
que causa perplexidade 135

Um bom exemplo de manipulação 140

As pesquisas formatam a opinião pública 142

Conclusão sobre a manipulação 145

CRISE DA OPINIÃO, CRISE DA DEMOCRACIA: OS SINTOMAS DE UMA CRISE POLÍTICA DA PÓS-MODERNIDADE 151

A questão da soberania num regime democrático 151

Liberdade e igualdade. Uma contradição interna
à democracia 154

A questão do contrapoder 157

As reações ao contrapoder 160

Contrapoder e demanda social 162

As razões de uma crise política da pós-modernidade 167

Uma crise do povo 167

Uma crise das elites 170

Entre democracia de opinião e democracia participativa 175

BIBLIOGRAFIA 181

O AUTOR 185

Introdução

A questão do político – ou da política – é, ao mesmo tempo, simples e complexa. Simples, se for abordada pelo viés da opinião: trata-se de ser a favor ou contra um projeto de sociedade, a favor ou contra tal partido, a favor ou contra um determinado político (homem ou mulher). Se essa opinião for expressa num voto, na participação em uma manifestação, numa ação militante ou simplesmente durante uma discussão, a questão política se reduz à de uma tomada de posição mais ou menos argumentada.

Mas se a questão for abordada por meio da observação do que é o exercício do poder político, então ela se apresenta de maneira infinitamente mais complexa. Isso porque o fenômeno político resulta de um conjunto de fatos de diferentes categorias que se entrecruzam permanentemente: *fatos políticos* como atos e decisões, ligados à questão da autoridade e da legitimidade de seus atores; *fatos sociais* como organização das relações sociais, ligados à questão do lugar e da relação que se instaura entre as elites e o povo; *fatos jurídicos* que funcionam como enquadre que rege as condutas, o que coloca a questão da ação legislativa; enfim, *fatos morais* como lugar de pensar os sistemas de valores, que estão ligados à questão da idealidade dos regimes de governança para o bem dos povos.

Esses fatos complexos nos obrigam a considerar uma série de indagações: como o indivíduo, convocado a se pronunciar politicamente por um voto, pode cumprir sua função de cidadão? Em nome de que ele o faz? Que consciência ele tem de sua identidade cidadã? Que conhecimento ele tem do funcionamento do poder? Enfim, o que ele compreende dos discursos que circulam no espaço público, e em que medida se sente manipulado ou enganado?

Essas indagações estão no cerne da participação cidadã da qual ninguém pode escapar, mesmo quando pretende ser apolítico. E é talvez, ao aprofundar essas questões, ao se interrogar, por um lado, sobre o que define um cidadão e, por outro, sobre quais são os modos de funcionamento do poder, que se descobrirá o que está verdadeiramente em jogo na vida política. Tudo acontece, pois, na relação que se constrói entre os políticos e a opinião dos cidadãos por meio do discurso, visto que é pela palavra que se persuade, que se seduz e que, no fim das contas, se regula a vida política. Num regime democrático, a vida política reside numa conquista da opinião pública.

O "conflito" como norma social

O mundo seria, em sua origem, bem feito, bem ordenado? Seria o homem que, guiado por um espírito maligno (a visão bíblica do pecado original) ou pervertido pela sociedade (visão rousseauniana), promoveria a desordem? Ou o mundo, em sua origem, se apresenta de maneira desordenada, e é o homem que procuraria ordená-lo? Esta é uma longa discussão filosófica, desde a Antiguidade grega e romana, passando pelo iluminismo, até Emmanuel Kant: "a paz não é um estado natural". Pode-se, igualmente, sem entrar num debate filosófico ou teológico, basear-se no que as ciências humanas sociais ensinam: (i) o mundo natural é ordenado por suas próprias leis, mas estas, principalmente no reino animal, são de predação e de sobrevivência; (ii) a história nos ensina que, desde a origem dos tempos (o neolítico), os grupos humanos se faziam e desfaziam, guerreando-se; (iii) mas, ao mesmo tempo, considerando que as leis da natureza e da guerra são cruéis e amorais (a razão do mais forte), o homem tenta substituí-las por uma outra ordem que lhe seja benéfica: a ordem da cultura. Desse modo, todas as sociedades evoluem segundo um mesmo processo: situação de conflito > tentativa de regulação > estabelecimento de um equilíbrio, e depois, novamente: conflito > regulação > equilíbrio > etc.

Os *conflitos* surgem de um sentimento de insatisfação pessoal dos poderosos: insuficiência de poder, de riqueza, de prestígio, o que os leva a querer conquistar os bens dos outros ou a defender os seus, caso sejam ameaçados. Esses conflitos surgem quando se trata, para uns, de estender seu poder sobre o território dos outros e tentar apropriar-se desse território; para outros, trata-se de defender seu território e sua identidade (as guerras de fronteiras). A menos que os motivos do conflito sejam o desejo de hegemonia nos domínios étnico e/ou religioso. Produzem-se, então, guerras nacionais, guerras civis, guerras de gangues, guerras comerciais e, em menor escala, mas não menos importantes, conflitos entre partidos políticos, ou dentro de um mesmo partido. Mas os conflitos podem também ser provocados pelo sentimento de injustiça experimentado por grupos de pessoas que se consideram vítimas do arbítrio, do favoritismo, da traição dos que lhes fizeram promessas: essas pessoas que se sentem enganadas querem eliminar as desigualdades e os privilégios. Os conflitos são, evidentemente, simplificadores do ponto de vista dos julgamentos, das opiniões, dos argumentos que os sustentam e tendem a produzir oposições binárias e maniqueístas. É que qualquer temperança nesses casos, qualquer exame racional das oposições, qualquer troca controlada de argumentos os eliminariam.

É por isso que os homens, muitas vezes, dedicam-se a implementar um processo de *regulação social*. Um processo que se inscreve num jogo de relações de força entre posições de poder e de contrapoder. Essas relações podem ser de dominação/submissão através da potência física, resultando na neutralização, na eliminação, no esmagamento do outro, considerado adversário; através da ameaça de uma sanção, como o anúncio de represálias caso o adversário se comporte de maneira hostil,[1] o anúncio de demissão numa empresa ou uma punição na escola por comportamento indisciplinado. A submissão pode também ser obtida pelo oferecimento de uma gratificação (ajuda econômica de um país rico a um país pobre, socorro financeiro para abrir uma empresa, atribuição ou aumento de bônus para premiar o desempenho, recompensa às crianças que se mostraram aplicadas nos estudos etc.). Mas a regulação pode também ser feita pela *negociação*, quando as duas partes são fortes e dispõem, cada uma, de meios de submeter a outra. Produz-se, então, um jogo de influência recíproca no qual cada um procura sair-se bem. De início, instauram-se relações antagônicas (por exemplo, de um lado, medidas tomadas pela direção de uma empresa ou pelo governo e, do outro, reação com greve radical e manifestação de rua; decisão autoritária dos pais e reação de rebelião por parte dos filhos), depois, essas posições estando asseguradas, a negociação começa.

A *situação de equilíbrio* se instaura quando se estabilizam as relações de força entre os indivíduos ou os grupos que entraram em conflito: ou porque uma das partes passa para o domínio total do outro (como nas colonizações, nos conflitos étnicos após a eliminação de populações e nas fusões de partidos políticos), ou porque a parte inicialmente atacada tenha resistido e obrigado a outra parte a se retirar ou a recuar; ou ainda porque, fazendo valer sua força, as duas partes se mantêm e coexistem com uma nova repartição de estatutos e de papéis ao perderem ou ao ganharem alguma coisa. Por vezes, a situação de equilíbrio pode ser obtida por um ato de autoridade, pela imposição de uma lei que regule os conflitos na justiça, como foi o caso, na França, da lei que, em nome da República e da laicidade, proibiu o porte de símbolos religiosos nos estabelecimentos escolares, instaurando um novo contrato social.

O poder, questão de "legitimidade", de "autoridade" e de "potência"

Os conflitos não são regulados naturalmente. Eles surgem, desaparecem ou se pacificam sob o efeito de relações de força,

14 A conquista da opinião pública

isto é, de relações de poder. Mas o que é o poder? É a mesma coisa que a autoridade, que a potência? Convém fazer algumas distinções, pois, quando se ouve falar de "crise do poder", de "perda de legitimidade", de "queda da autoridade" da potência pública, tem-se o sentimento de que essas noções se confundem, que são usadas uma pela outra.

O poder é a situação que permite a alguém decidir mudar alguma coisa na ordem do mundo, agindo sobre outro ou sobre um grupo. *Agir sobre o outro* quer dizer: ter a possibilidade de submeter o outro, por algum meio. Estabelece-se, então, uma relação de dominação entre um dominante e um dominado, que faz com que o poder se defina numa relação de alteridade, de maneira coercitiva. Mas também é necessário que esse "agir sobre o outro" seja justificado. Nesse caso, colocam-se três questões: em nome do que se tem o direito de agir – é a questão da *legitimidade*; qual a possibilidade de ser reconhecido como digno de agir – é a questão da *autoridade*; quais são os meios de agir – é a questão da *potência*.

O processo pelo qual se é *legitimado* é um mecanismo de reconhecimento, pelo corpo social, do direito de agir em nome de uma finalidade aceita por todos. É uma posição atribuída por um sistema de organização social reconhecido por todos os membros da sociedade. A legitimidade, como veremos adiante, pode ter diferentes origens: *transcendental*, que supõe, por parte dos membros da sociedade, uma crença forte na existência dessa transcendência (o direito divino dos reis, dos representantes religiosos, dos profetas etc.); *original*, pelo fato de ser "bem nascido", de pertencer a uma mesma linhagem e receber a herança de seus ascendentes (de sangue, de propriedades), de herdar valores (os códigos de honra); *institucional*, por um direito reconhecido por lei. A legitimidade é, pois, o que permite àquele que quer exercer um poder fazê-lo de acordo com uma posição atribuída por uma fonte exterior, mas que se incorpora a ele e é reconhecida por todos. A legitimidade se apoia num reconhecimento e numa crença coletiva.

Se a legitimidade é da ordem de um direito em nome de um valor reconhecido, a autoridade é da ordem de um *saber-fazer*, que faz com que se reconheça a competência de alguém, sua habilidade, sua aptidão para fazer e para fazer bem. A autoridade é, pois, o que dá crédito à pessoa em seu poder de fazer. Não é o que a legitima, mas o que lhe dá crédito no exercício do poder. Na verdade, a posição de legitimidade precisa acompanhar-se de um "saber tirar partido" dessa posição. Pode-se ser legitimado na posição de professor, de chefe de Estado, de diretor de um serviço e não ter o crédito necessário para exercer seu poder: há perda de credibilidade, logo, de autoridade. Isso quer dizer que a autoridade não é dada, mas adquirida: ela deve ser construída, conquistada, mas sempre do ponto de vista dos outros.

A autoridade é, pois, aderente à pessoa, e isso se dá de diferentes maneiras. Pelo *saber*, o conhecimento que ela pode ter do domínio de atividade no qual exerce sua ação. É o caso da autoridade dos cientistas, dos pesquisadores, dos professores, dos jornalistas e de todos aqueles que exercem uma atividade intelectual que implica acumulação de conhecimentos, elaboração de conceitos e domínio da palavra. Pela *competência*, isto é, não somente um saber, mas um saber-fazer na realização e na execução de tarefas tanto manuais quanto intelectuais. Incluem-se aqui as mesmas profissões que implicam saber, pois muitas vezes o saber necessita ser completado pelo saber-fazer. Entretanto, pode-se ter uma competência de saber-fazer sem necessariamente possuir conhecimentos, como em alguns domínios de atividade, tais como o esporte, os trabalhos manuais e artesanais, ainda que a autoridade seja proveniente, em geral, de uma combinação entre saber e saber-fazer. Além disso, o saber-fazer pode ser reforçado pela *experiência* da pessoa. Trata-se de um saber-fazer adquirido, não mais apenas pelas exigências e pela técnica de uma atividade particular, mas por uma longa prática dessa mesma atividade, durante longos anos, e mesmo pelo sucesso em numerosas provas: a experiência do combatente, do aventureiro, do navegador, do piloto de avião, do médico que atuou em diferentes situações, do diplomata que conheceu diferentes países, do político que exerceu numerosas funções. Quando se reconhece que uma pessoa tem, ao mesmo tempo, saber, saber-fazer e experiência, diz-se que "ela é uma autoridade na matéria".

Mas a autoridade pode também se fundamentar na *virtude*. Uma pessoa ou um grupo de pessoas, constituindo uma entidade institucional, pode basear sua autoridade no fato de que lhe reconheçam uma sabedoria, uma liberdade de pensamento que faz com que seja ouvida independentemente de qualquer pressão e sem outra finalidade que não seja a de dar uma opinião ou de formar um julgamento consciencioso. Evidentemente, é necessário que essa entidade possa também prevalecer-se de saber, de competência e de experiência. É a autoridade dos *sábios*, como a do Senado romano, que não tinha nenhum poder de decisão, mas possuía uma tal autoridade de julgamento que suas opiniões eram seguidas na maioria das vezes. É também, em algumas culturas africanas, a autoridade do ancião, figura do sábio por excelência, como diz o adágio: "cada ancião que morre é uma biblioteca que se queima".

Querer agir sobre o outro não pode limitar-se a uma simples intenção. É preciso ter a segurança de que o outro obedecerá, se submeterá, fará o que lhe dizem para fazer. Para dominar o outro, então, são necessários meios para fazê-lo. O conjunto dos meios e sua força representam uma *potência*. A potência é medida pela capacidade de poder fazer, que pode ser mais ou menos forte. A potência é, pois, um meio e não um fim. Ela permite a realização do ato e aumenta ou diminui na medida da força dos meios. Essa capacidade de poder fazer depende dos recursos disponíveis àquele que quer agir; por exemplo, a possibilidade de fazer uso de uma *sanção*. A sanção pode estar inscrita na situação de poder e, sendo assim, com fundamentação legítima no direito: o professor que atribui notas a seus alunos (pelo regulamento escolar), um empresário em relação a seus empregados (pelo contrato), um chefe de Estado em relação a seus ministros (pelo poder de nomeação). A sanção pode ter um efeito negativo (punir um aluno, dar má nota a uma pessoa no momento de uma inspeção, fazer um relatório negativo sobre um estagiário, despedir um empregado) ou positivo, quando se trata de encorajar alguém a prosseguir em seu trabalho (recompensa na atribuição de um prêmio, gratificação extra no trabalho, citação, promoção). Os recursos podem ser de cunho material (armamento militar, equipamento tecnológico), financeiro (a potência do dinheiro) ou humano (grupos de conselheiros, redes de relações, lobistas e grupos de pressão).

18 A conquista da opinião pública

A potência não tem legitimidade em si, mas pode reforçá-la e, principalmente, dar-lhe crédito, isto é, reforçar a autoridade. É que legitimidade, autoridade e potência interagem entre si. A legitimidade fundamenta o poder, e a potência lhe dá força. A autoridade não é a legitimidade, mas é o que a torna credível, e a potência reforça sua posição. Inversamente, pode-se ter a autoridade sem poder de agir, como é o caso do Senado romano já abordado, e de todas as instâncias de vigilância ou de controle (os comitês de ética). No caso, o que se chamava na Roma antiga de *"auctoritas"* opõe-se à *"potestas"*. Mas pode-se também ser investido de legitimidade e, no entanto, perder autoridade – como acontece ao se falar da crise da autoridade parental ou do Estado. A posição institucional de poder permanece, mas há perda de crédito por falta de saber ou de poder fazer. Essa perda de autoridade pode até mesmo colocar em xeque a legitimidade do poder e levar à demissão de um dirigente. Inversamente, pode-se usar de potência para tentar legitimar-se, como quando se toma o poder pela força (golpes de Estado, ditaduras, totalitarismos). Em resumo, o poder, para se exercer, necessita de uma legitimidade que sempre é atribuída de uma autoridade que se constrói para obter crédito e de potência como meio de agir. O exercício do poder necessita, pois, de legitimidade, de autoridade e de potência, mas para aquele que está em posição de poder e que deseja exercê-lo colocam-se três questões. A primeira: qual é *a natureza dos interesses do poder?* São pessoais (interesses particulares) ou coletivos (interesse geral)? A segunda: quais são *as restrições da "máquina" institucional* de que depende o poder? Isso porque não se exerce jamais o poder fora de uma situação social, a qual, por sua organização coletiva, impõe estatutos, papéis e regras de funcionamento. A terceira: qual é a força dos *contrapoderes* que se opõem à ação? Isso porque é verdade que raramente há poder sem contrapoder, a menos em situações de poder totalitário, nas quais o contrapoder praticamente não pode manifestar-se.

O poder político

A política é o que mantém no cerne da sociedade a esperança de um futuro melhor. A fala política é onde se misturam esperanças e ações, onde se efetua, por conseguinte, um contrato de *idealidade social* entre dirigentes e cidadãos. Assim sendo, é preciso que ela produza um discurso que siga duas lógicas: uma simbólica, que coloca os princípios de uma vida política como fundadores dessa idealidade, ao falar de valores coletivos que estão a serviço do bem comum e que devem legitimar a ação política; e uma lógica pragmática, que proponha um modo de gestão do poder, e os meios que permitam realizar o bem-estar social, dando crédito ao projeto de idealidade social. Não se trata de opor, como se faz muitas vezes, a política nobre à politicagem, mas de distinguir *o* político que define os grandes princípios de governança e *a* política como *tekhnè*, que descreve a técnica de funcionamento dessa governança, estando essas duas lógicas intimamente ligadas. É a diferença e a complementaridade entre a visão platônica da política totalmente voltada para as *ideias* e para a idealidade republicana *(A república das ideias)*, e a visão aristotélica da política como técnica de organização da vida política *(como agir na incerteza)*.

Há dois grandes momentos da vida política, pois antes de exercer o poder é necessário conquistá-lo e para conquistá-lo (a menos que seja tomado pela força) é necessário passar pela palavra. No embate entre opinião e políticos, a palavra que se desdobra em tempo de conquista do poder é uma palavra de *promessa*; a que se desdobra em tempo de exercício do poder é uma palavra de *decisão* e de *justificativa*. Nesse sentido, a vida política é um processo em que se confrontam uma instância de poder (os candidatos a uma eleição ou os dirigentes em exercício) e uma instância cidadã, lugar de uma opinião que faz os "reis" ou os contesta, no seu papel de contrapoder. Não se trata de procurar uma verdade nesse processo. A palavra política é lançada para um público heterogêneo com o intuito de persuadi-lo sobre o benefício de um programa ou uma ação política e para seduzi-lo e atrair os favores do maior número possível, lançando mão de todos os recursos – sendo que alguns recursos se dirigem à razão do público e outros à sua emoção. Trata-se, pois, de saber como se constrói e como funciona a opinião pública e como ela pode ser manipulada.

A opinião é um fato de linguagem: sua construção resulta do entrecruzamento dos atos linguageiros que o indivíduo (ou o grupo) recebeu, ouviu e produziu. A manipulação das mentes também se faz através da linguagem, até mesmo quando acompanhada de outras ações (ameaças físicas, gratificações diversas etc.). Sendo assim, o estudo da opinião e dos jogos de manipulação concerne à Análise de Discurso. Entretanto, analisar o discurso não consiste apenas em repertoriar os temas e pôr em evidência as ideias que estes representam. É pela maneira como essas ideias são encenadas que se desenvolve a dramaturgia política:

uma ideia, primeiramente, vale pela maneira como é colocada no discurso, e então como é executada. Não basta repertoriar a quantidade de palavras empregadas por um determinado político (homem ou mulher) para interpretar seu posicionamento e sua estratégia discursiva. Seria possível concluir razoavelmente que, se tal político empregou cinquenta vezes o nome de seu país, enquanto outro só o empregou trinta vezes, o primeiro estaria manifestando que ama mais o seu país do que o segundo? Evidentemente, é preciso estudar os contextos e, talvez, no final se verifique que o segundo político seja o que aparecerá como mais autêntico, mais sincero, mais convincente. É claro que a quantidade do emprego das palavras é indício de alguma coisa, mas alguma coisa que não é dada, que deve ser interpretada.

As palavras nada significam em si. Isoladas, só apontam para o que dizem, não para o que significam. Pois há as palavras e o que está implícito nas palavras, e o que está implícito nas palavras depende de outras palavras, das condições em que foram enunciadas, de sua enunciação. É na situação de enunciação que as palavras revelam os pensamentos, as opiniões e as estratégias daquele que as emite.

NOTA

[1] Foi essa a reação dos Estados Unidos da América diante do perigo que a instalação de mísseis em Cuba representava para eles.

O que é a opinião pública?

"As opiniões do povo são vãs
e no entanto sadias, embora ilusórias
pois detêm a verdade, mas ignoram onde"
Pascal, *Pensamentos*

Um pré-requisito: como se constrói a identidade coletiva

A história é feita de encontros de indivíduos, de grupos, de populações. Esses encontros se acompanham de confrontos, de conflitos, cuja resolução ora é o deslocamento dos grupos humanos, ora a eliminação de um deles, ora a integração de um no outro ou a assimilação de um pelo outro, mas sempre através de relações de diferenciação, de dominação, de sujeição. E se uma das partes consegue impor sua visão de mundo à outra, terá havido, apesar disso, entrecruzamentos de etnias, de religiões, de pensamentos, de usos e costumes, fazendo com que todo grupo cultural seja mais ou menos heterogêneo, organizado segundo tendências de integração, de assimilação ou de segregação.

A questão da nossa identidade, entre o individual e o coletivo, não é simples. Desejaríamos ser únicos, mas dependemos dos outros. Acreditamos ter uma opinião pessoal, mas logo percebemos que ela não é exclusivamente nossa. Em outros momentos queremos nos sentir em comunhão com os outros, mas, ao mesmo tempo, ao ver como funciona o grupo, temos medo de perder nossa singularidade. É uma ilusão acreditar que nossa identidade é única e homogênea. Somos, simultaneamente, o que não é o outro e o que ele é. E mesmo quando gostaríamos de nos ver como únicos, o olhar do outro se encarrega de nos enviar uma imagem de nós mesmos, um aspecto de nossa identidade que varia em função dos diferentes olhares que pousam sobre nós. Basta observar como os outros nos veem: os membros de nossa família não nos veem como os amigos nem como os nossos colegas de trabalho, nem como a administração quando nos dirigimos a ela para reclamar, nem como as forças da ordem ou da justiça quando somos submetidos a seu controle.

Encontramo-nos, pois, numa situação complexa quanto à nossa identidade, pois precisamos gerenciar nossos múltiplos pertencimentos coletivos, familiares, profissionais, regionais, nacionais, étnicos, religiosos, de classes, de costumes, de gostos, de valores, defendendo ao mesmo tempo o direito à singularidade e à diferença. Esse entrecruzamento dos diversos pertencimentos é fator de riqueza para o indivíduo, como provam pensadores, escritores, artistas, aventureiros, construtores e criadores de todas as espécies, que, desde a noite dos tempos, tiveram a origem de seu gênio numa pluralidade cultural.

A CONSTRUÇÃO IDENTITÁRIA

"*Eu* é um outro", disse o poeta Rimbaud. Sim, eu preciso de um outro que não seja Eu. Realmente, como eu saberia quem sou, como teria consciência de minha existência se não existisse um outro diferente de mim? É nessa contradição de "ter necessidade do outro" e ao mesmo tempo "sentir a necessidade de se diferenciar do outro" que se constrói nossa consciência identitária, ao mesmo tempo individual e coletiva. Movimento de atração, na medida em que para resolver esse mistério nós tentamos nos apossar do outro, dominá-lo, levá-lo a partilhar nosso universo, num processo de dominação, a menos que, fascinado por esse outro, procuremos nos identificar com ele, fundir-nos nele por um processo de *assimilação*.

Movimento de atração, mas também movimento de rejeição, na medida em que essa diferença pode representar um perigo, uma ameaça para a integridade de nossa identidade. É por isso que a percepção da diferença é acompanhada, geralmente, de um julgamento negativo, pois ameaça a sobrevivência de si mesmo. É como se não fosse suportável aceitar que outros valores, outras normas, outros hábitos diferentes dos seus sejam melhores ou, simplesmente, existam. E quando esse julgamento endurece e se generaliza, torna-se o que se chama de estereótipo, clichê, preconceito. É preciso compreender que, ao julgar o outro negativamente, protegemos nossa identidade, caricaturamos a do outro e nos persuadimos de que temos razão contra o outro. É assim que, persuadido de que sou sensível, acolhedor, caloroso, serei levado a julgar o outro como racional, frio ou agressivo, ou, inversamente, persuadido de que sou racional, seguro, direto e franco, o julgarei anárquico, extrovertido, pouco confiável.

Eis-nos presos num belo paradoxo. Se rejeitamos o outro desqualificando-o por julgamentos sempre negativos, com certeza protegemos nossa identidade, mas não a submetemos mais à prova da diferença e, assim, fazemos com que perca sua consistência, quando o confronto a consolidaria. Se, ao contrário, absorvemos o outro dominando-o, fazemos com que perca sua identidade, e ao mesmo tempo perdemos um pouco da nossa, pois não temos mais como compará-la a uma diferença que a reforçaria. E se somos nós que nos assimilamos ao outro, perdemos evidentemente nossa identidade de origem. A relação com o outro sempre causa um problema, nunca é um dado natural. Temos dificuldade em aceitar que o outro seja um problema, e é por isso que nos protegemos sob rituais de civilidade, como as fórmulas de polidez, de saudação e as normas sociais de saber viver.

A IDENTIDADE COLETIVA, UM CRUZAMENTO DE OLHARES

Como dissemos, não há tomada de consciência de sua própria existência sem percepção da existência de um outro que seja diferente. A percepção da diferença do outro constitui primeiramente a prova de minha própria identidade. É essa diferença do outro que me obriga a me olhar em comparação com ele, a detectar os pontos de semelhança e de diferença. Se ousássemos corrigir Descartes, diríamos: "Penso diferente, logo existo".

Mas o mesmo acontece com o outro que nos percebe e procura se diferenciar de nós ou deixar-se assimilar. Assim se instaura um cruzamento de olhares entre mim e o outro, o outro e eu, nós e os outros, os outros e nós. É desse modo que se constitui nossa identidade coletiva. E isso desde nosso nascimento, por um processo de aprendizagem social que começa com o diálogo mãe-bebê, depois com a família, depois com os amigos, na escola, na vida profissional. Rapidamente, sem que nos demos conta, nos tornamos um *Eu-Nós*, pois desde que entramos em relação com os outros coloca-se para nós o problema de saber quem somos diante do outro grupo, e passamos o tempo todo ora a nos diferenciar por pertencer a um grupo diferente do outro, ora a nos identificar com ele. Nossa identidade depende do grupo no qual vivemos.

Então, de que é feita a identidade de um grupo? Daquilo que os membros do grupo compartilham: suas opiniões, conhecimentos, valores, gostos (em família, no trabalho, enquanto mulher, homem, jovem ou idoso etc.), que constituem um vínculo social, o espelho no qual os indivíduos se reconhecem como pertencentes a um mesmo conjunto, a uma mesma entidade, e que norteiam sua conduta na vida em sociedade. O grupo se constrói então segundo fatores de ordem social que constituem uma identidade social, fatores de ordem cultural que constituem uma identidade cultural.

As características de ordem social têm a ver com as posições que ocupamos e com os papéis que desempenhamos em nossas diferentes atividades da vida coletiva, quando esta é pública – aqueles ligados a nossa atividade profissional, a nossos cargos administrativos, a nossas responsabilidades no mundo do trabalho. Mas também os papéis que desempenhamos em nossa vida privada em razão de sexo (homem/mulher), de idade (criança/jovem/ adulto/idoso), de pertencimento religioso ou étnico, na medida em que essas posições e esses papéis constituem para os outros os sinais que lhes permitem nos classificar numa categoria social.

28 A conquista da opinião pública

As características de ordem cultural correspondem ao conjunto das práticas de vida dos membros de um grupo, das representações que esses fazem do mundo e da vida em sociedade, e dos valores que eles lhes atribuem, sendo que essas práticas e essas representações constituem as normas sociais que guiam sua conduta. Estas são múltiplas e diversas. Dentre elas, há aquelas que se relacionam ao *espaço*, mostrando a maneira pela qual os indivíduos de um determinado grupo social representam o que é o seu território, aí se movimentam, estruturando-o e orientando-se nele. Há aquelas representações que se relacionam ao *tempo*, mostrando a maneira pela qual os indivíduos segmentam os momentos de sua jornada em função de suas atividades. Há ainda aquelas que se relacionam ao *corpo*, à maneira pela qual os indivíduos representam para si o lugar que este ocupa no espaço social. Como os corpos se movem? Os corpos podem se tocar fora de uma situação de intimidade, como acontece em algumas sociedades, ou mantêm distância, como em outras? Há também as representações que se relacionam às *relações sociais*, e que mostram a maneira pela qual os indivíduos representam para si o que deve ser seu comportamento em sociedade. Há ainda as representações que concernem às relações que, numa determinada sociedade, os indivíduos entretêm em relação à lei e às instituições. Numa cultura, os indivíduos respeitam *ipsis litteris* um direito escrito e as instituições que os governam. Numa outra, comportam-se segundo um direito de fato, um direito consuetudinário (e isso, mesmo quando possuem paralelamente um direito escrito), que faz com que tudo se negocie, a cada momento. Isso cria, por vezes, incompreensões radicais quando esses dois tipos de cultura se encontram. A esses tipos de representações, é preciso acrescentar *a língua* própria a cada cultura. Uma língua não é somente uma fonética e uma sintaxe particular, é também – e sobretudo – uma forma de pensamento particular através dos modos de raciocínio que lhe são próprios. Tudo isso está ligado a sistemas de valores, sistemas de crença, de normas sociais e de comportamentos que compartilhamos, e que definem nossa identidade cultural sem que tenhamos consciência total disso.

A DEFESA DA IDENTIDADE COLETIVA

A identidade social e cultural de um grupo é algo frágil. Ela deve ser constantemente defendida, reforçada ou simplesmente lembrada, já que tende a se enfraquecer. É que os grupos se encontram, entram em contato, e então cada um dos indivíduos se defronta com a questão de saber quem ele é em relação ao outro, se o outro lhe é superior e se procura dominá-lo, ou se, ao contrário, sentindo-se superior ao outro, deveria absorvê-lo. Em resumo, os grupos, ao se confrontarem, estabelecem entre si relações de força ao fim das quais acontecem dominações, exclusões, misturas ou fusões. Todo grupo se constitui e vive ao sabor de um duplo movimento de fechamento sobre si (força centrípeta) e/ou de abertura para o outro (força centrífuga). Confrontado com a diferença do outro, o grupo pode sentir-se ameaçado em sua identidade e tentar diferenciar-se para afirmá-la: é o processo de *diferenciação*. Ao contrário, sentindo-se forte em sua identidade, pode ser levado a dialogar com o outro grupo, a coexistir com ele, sendo que um dos dois grupos acaba fundindo-se no outro: é o processo de *as-*

30 A conquista da opinião pública

similação. Foi assim que, entre outras coisas, se constituíram as línguas nacionais. Populações vivendo em territórios separados uns dos outros, e falando um dialeto que lhes é próprio, entram em contato umas com as outras, ao sabor de movimentos de migração: ora um desses dialetos se impõe ao do outro grupo e se torna língua comum (é o caso do dialeto dito parisiense, a *"langue d'oïl"*, que se tornou língua nacional, ou o caso do castelhano, que se tornou a língua nacional da Espanha), ora é o entrecruzamento de diversos dialetos falados num mesmo território e que se tornou língua nacional, como é o caso da língua alemã.

O grupo que se isola

Diante de um grupo dominante, o que se sente ameaçado em sua identidade reage isolando-se em si mesmo ("fecham-se em sua concha"). Esse grupo reivindica especificidades, apaga as semelhanças possíveis com o outro grupo, marca as diferenças, realça os próprios valores que julga diferentes daqueles do outro grupo e tenta deslegitimar as pretensões deste a absorvê-lo. É o caso do surgimento dos regionalismos (como os bascos e catalães na Espanha, os corsos na França). É também o caso das cisões que se produzem nos partidos políticos. Esse movimento de fechamento sobre si, levado a seu extremo, pode produzir um efeito perverso: o comunitarismo.[*] A exacerbação das diferenças, o isolamento do grupo em si, a exaltação dos valores próprios ao grupo se fazem

---

[*] N.T.: Termo que se refere à "ciência ou prática de governo que privilegia o que é comunitário, coletivo ou resultante da participação do agrupamento."

por vezes em nome da preservação ou da conquista de um território (conflito israelense-palestino), da pureza de uma etnia (conflito na ex-Iugoslávia), da sacralidade de uma religião (o caso das caricaturas de Maomé), da reivindicação de uma categoria social (mulheres, homossexuais). O comunitarismo não é um mal em si, mas, radicalizado, apresenta armadilhas: o do aprisionamento dos indivíduos em categorias, em essências comunitárias, que os faz agir e pensar apenas em função das etiquetas que trazem na testa; o da dupla exclusão, de si para com os outros e dos outros para consigo, que, às vezes, os levam a carregar *slogans* como "morte ao outro"; o da autossatisfação que consiste em comprazer-se em sua própria reivindicação e a não ver mais como é o restante do mundo, reivindicações que só podem exacerbar as tensões entre comunidades opostas. Do mesmo modo, as políticas voluntárias (ou involuntárias) de fechamento dos grupos (guetoização, confinamento) sempre resultaram numa situação de humilhação para o grupo que provoca atos de rebelião.

A dominação do outro grupo

Um grupo que se sente superior a um outro grupo pode procurar, por motivos diversos, impor-se a este último. Ele poderá fazê-lo de duas maneiras. Seja integrando-o à força, obrigando-o a fundir-se a si, e impondo-lhe suas leis e sua organização social. É o caso das colonizações, uma imposição feita sobre o território do outro, passando por cima de sua própria organização, com tentativa maior ou menor de imposição cultural. É o caso da imigração vista pelo país de acolhida, que exigirá uma certa assimilação (ou integração) de parte do outro grupo. E é também o caso das OPA,* no mundo dos negócios, em que uma empresa mais potente procura absorver outra menos forte. Pode acontecer também que, subitamente (mas a coisa terá mudado progressivamente com o tempo), haja a tomada de consciência por um dos grupos de que não pode aceitar a coexistência com outro grupo dentro de um mesmo território, e que, sentindo-se mais forte, deve eliminá-lo de maneira mais ou menos radical. Trata-se aqui de todos os casos dramáticos de guerras entre etnias que resultam muitas vezes em massacres, e mesmo em genocídios.

A mistura do grupo

Pelo contato que se instaura entre dois grupos, pela proximidade das relações que se estabelecem entre eles, pelo respeito recíproco dos valores de um e do outro, e sua longa coexistência, pode acontecer com o tempo uma mistura das características de cada um, através de múltiplos cruzamentos (casamentos, associações, terceira geração de migrantes etc.). Entretanto, a fim de que o grupo não se desagregue, é preciso que, para além dessa hibridação, seus membros possam referir-se a um valor comum que lhes sirva de "superego" identitário. Os membros de um determinado grupo necessitam de um vínculo identitário a ser colocado acima de sua identidade de origem. Nos Estados Unidos, esse vínculo identitário pode ser constituído simbolica-

---

* N.T.: Termo que se refere à "oferta pública de aquisição de ações, [...] na qual um determinado proponente manifesta o seu compromisso de adquirir uma quantidade específica de ações, a um preço e prazo determinados, respeitando determinadas condições."

mente pela bandeira americana ou, pragmaticamente, pela ascensão social ("o sonho americano"). Para os imigrantes vivendo na França, esse vínculo identitário será a República;[1] para uma diáspora como a dos judeus, o vínculo será a crença religiosa.

Da opinião coletiva à opinião pública

Uma opinião é um julgamento pessoal ou coletivo que um indivíduo faz sobre os seres ou os acontecimentos do mundo quanto ao seu valor, o que leva-o a tomar posição. Uma opinião não deve, pois, ser confundida com um saber sobre o mundo. Dizer: "Uma árvore caiu" não é expressar uma opinião, mas um fato; porém falar "Acho que é preciso cortar essa árvore antes que ela caia" é uma opinião; dizer: "ele é alto" não é um enunciado que comporte um julgamento de valor,[2] mas esse é o caso quando se diz "ele é esperto". A opinião não é um conhecimento, é um ponto de vista a respeito de um saber. A opinião não enuncia uma verdade sobre o mundo, mas um ponto de vista sobre as verdades do mundo. A opinião é, pois, uma crença.

O saber de opinião pertence então à subjetividade daquele que fala, mesmo que ele pretenda que seu julgamento seja reconhecido e compartilhado por todos. Esse saber tem origem num processo de avaliação ao fim do qual o sujeito expressa um ponto de vista a respeito dos fatos do mundo. Mas é possível que um outro sujeito que se ache nas mesmas circunstâncias e tendo de avaliar os mesmos fatos expresse um ponto de vista diferente, ou mesmo contrário. Toda opinião é, pois, *subjetiva* e *relativa*. É subjetiva porque o saber no qual se apoia depende dos sistemas de crença que atravessam cada indivíduo: o julgamento de opinião é um saber que procede do ser. É relativa porque, por sua subjetividade, todo ponto de vista, todo julgamento, tem seu contrário, quer seja proveniente da mesma pessoa ou de uma outra. Diante de um mesmo fato, os indivíduos veem coisas diferentes, não sentem as mesmas emoções, não veem as mesmas causas e fazem julgamentos que lhes são próprios: a respeito de cada coisa há pelo menos dois discursos contrários, cada um tendo sua razão de ser.

O mesmo não acontece com os saberes de conhecimento. Os saberes de conhecimento tendem a estabelecer uma verdade sobre os fenômenos do mundo, mas uma verdade que existe fora da subjetividade do sujeito. Essa verdade coloca a existência dos fatos do mundo e sua explicação de maneira *objetiva*. É enunciada sob a forma de uma afirmação que subentende um "isso é verdade", dita por um sujeito que se quer neutro, sem julgamento, despido de toda subjetividade. Trata-se de um enunciador impessoal, sem responsabilidade, repetidor de outra voz que se pode chamar de "a ciência" ou "a ordem das coisas", cuja garantia é a possibilidade, para qualquer outro sujeito, de *verificar* a veracidade das afirmações feitas e, portanto, do saber. O saber de conhecimento assim produzido não é discutível porque se impõe em sua verdade objetiva: ninguém jamais viu a terra girar em torno do sol, entretanto sabemos disso porque tomamos conhecimento de um saber letrado demonstrado de maneira indiscutível. Trata-se da ordem do *provado*. Vê-se, então, a diferença entre saber de opinião e saber de conhecimento. O conhecimento remete ao mundo, a opinião remete ao sujeito:

nesta, é o sujeito que se dirige ao mundo, naquela, é o mundo que se impõe ao sujeito.

Nem todas as opiniões são da mesma ordem. Elas oscilam da mais emocional à mais racional. Mas a opinião, mesmo assim, é a forma de saber mais difundida entre os homens: com ela, graças a ela, através dela, os homens vivem, falam, brigam, se reconciliam e regulam, ano após ano, a vida em sociedade. Trapaceando às vezes, fazendo passar saberes de opinião por saberes de conhecimento, mas sendo sempre conscientes de que uma opinião é um julgamento, e que é considerada partilhada por outros, além de comprometer quem a profere. Trata-se então de uma opinião individual, mas o que é uma opinião coletiva? Pode existir uma opinião pública?

A OPINIÃO COLETIVA

No momento de sua enunciação, não há palavra coletiva. Não há, como num coral ou no coro da tragédia grega, várias bocas que se abrem ao mesmo tempo para proferir uma mesma palavra. O que há é apenas uma pessoa que fala para enunciar uma palavra que lhe é própria. Desse ponto de vista, pode-se dizer que só existe palavra individual. Mas ao mesmo tempo, ao defender sua crença, o indivíduo pretende que esta seja partilhada pelos outros. É isso que faz com que a opinião se expresse sob o modo de um enunciado "verdadeiro", portador de um ponto de vista geral, de uma *doxa*[*] anônima, de uma crença supostamente

---

[*] N.T.: O termo doxa, de origem grega, pode definir-se como: opinião, juízo de uma maioria, numa dada sociedade.

comum. Dizer: "Um eleito da República não deve deixar-se corromper" é expressar, ao mesmo tempo, uma opinião pessoal e uma verdade que se supõe compartilhada por todos.

Entretanto, não deixamos de reivindicar nossa singularidade. Acreditamos sempre que somos "únicos": "Eu sou eu; você é você; ele é ele". Penso que minha opinião é minha, e quero afirmar minha particularidade por um: "Sou eu que estou dizendo". Se temos dificuldade em nos pensar coletivamente, é talvez porque nos perguntamos quem somos diante do outro, e essa interrogação nos leva, num primeiro momento, a tentar nos diferenciar, temendo sermos confundidos com esse outro ou sermos fundidos na massa de um grupo. É nessa contradição de ter necessidade do outro e, ao mesmo tempo, sentir necessidade de nos diferenciar dele que se constrói nosso pensamento ao mesmo tempo individual e coletivo. Nossos julgamentos resultam da fusão entre o pensamento de um *Eu*, de um *Tu* e de um *Ele* que se fundem num *Eu-Nós* expressando "um mundo social subjetivo". Quem pretender expressar uma opinião pessoal esquece ou nega que outros opinaram e que ele próprio não faz mais do que expressar uma opinião compartilhada por outros e à qual ele adere talvez sem sabê-lo. Paradoxo que se deve aceitar: quando se acredita ser o único a falar, fala-se habitado por outras vozes. Platão também diz isso através do mito da caverna: ele vê a si mesmo e ouve sua voz repercutida pelo eco; sua voz não é sua, ela é a do eco dos outros, e é através desse concerto de vozes que cada um procura o acesso à própria voz.

A opinião coletiva, então, não é a soma das opiniões individuais, do mesmo modo que a identidade de um grupo não é a soma das identidades individuais. Aqui, "um mais um" não é igual a "dois", mas forma um novo "um" no qual os dois precedentes desaparecem. Aliás, de maneira geral, o social não se reduz à soma das psicologias individuais. Os julgamentos que fazemos sobre o mundo e as opiniões que acreditamos serem individuais (mas também as normas que sustentam nossos comportamentos) fundem-se nas do grupo, tornando-se mais globais. Quanto mais o grupo for importante em número de indivíduos, tanto mais essas representações são gerais e abstratas: a opinião de um grupo representa o menor denominador comum das opiniões de cada um, ocultando suas particularidades. A opinião é definitivamente fator de singularidade num concerto comum.

A OPINIÃO PÚBLICA

É por meio da opinião pública que se constrói um saber coletivo de crença a respeito dos interesses da vida em sociedade e de seu ordenamento político. Entretanto, longe de ser homogênea, ela é fragmentada pela diversidade dos grupos sociais que a compõem, o que leva a dizer, como o sociólogo Pierre Bourdieu, que a opinião pública não existe, ou que se deveria falar de "opiniões", no plural. De fato, tem-se aqui um paradoxo. Diante da diversidade dos grupos sociais, só pode haver opiniões diversas, mas as instâncias do mundo político e midiático dedicam-se a homogeneizá-las através de pesquisas estatísticas, de comentários, de declarações peremptórias ("o povo está cansado dessa situação"), para melhor apropriar-se delas. Ora, a opinião pública, em toda a sua complexidade, forja-se nos pontos de vista mais ou menos racionais, mais ou menos subjetivos sobre os atores políticos e sua capacidade de

38 A conquista da opinião pública

governar, sua integridade e as ações que estes realizam. E a opinião pública tem meios de expressar-se, quer através das mídias, trazendo testemunhos ou interpelando os poderes públicos em emissões de rádio ou de televisão que se pretendem interativas, quer através das organizações sindicais, e mesmo saindo às ruas ou fazendo greve, sem esquecer a sanção que pode vir das urnas na hora da renovação dos mandatos políticos.

Essa opinião, por mais imprecisa que seja, manifesta-se cada vez que os grupos sociais sentem que seus interesses pessoais foram atingidos; mas para ter razões de protestar é preciso que esses interesses tenham, ao mesmo tempo, uma repercussão coletiva, de maneira a reivindicar um combate contra a injustiça social. Por exemplo, um grupo particular como o das enfermeiras reivindica condições de trabalho melhores. Trata-se dos interesses desse grupo, mas, na medida em que essas condições de trabalho repercutem no conjunto do sistema hospitalar e dos cuidados aos doentes, é o conjunto da população que se sente implicado, pois todo mundo é suscetível de precisar dos serviços de saúde. As pesquisas mostram que os índices de contentamento da opinião pública sobem ou descem na proporção da satisfação dos interesses coletivos, ou do sentimento de injustiça, o que suscita movimentos de reivindicação para a obtenção de direitos equitativos: direito a uma remuneração idêntica por um mesmo trabalho; o mesmo direito ao emprego, qualquer que seja a origem étnica daquele que procura trabalho; a exigência de paridade homem/mulher nos aparelhos políticos; o direito ao casamento para os homossexuais etc. As reivindicações e os pedidos de reparação têm sua origem no grupo, ou na corporação que se sente lesada em seus interesses, mas para que o protesto tenha chances de ser levado em conta pelas autoridades em questão é preciso ter apoio de uma opinião pública fortemente majoritária.

A ASCENSÃO DA OPINIÃO PÚBLICA

Contrariamente a uma ideia preconcebida, a opinião não é um fenômeno próprio à nossa modernidade. Seria possível mostrar como, na Grécia antiga – a da democracia ateniense –, a opinião cidadã se construía enquanto os cidadãos debatiam no fórum; como, na Roma antiga, a opinião geral era retomada pelas elites, através do Senado romano, que não tinha poder de decisão, mas de conselho *(auctoritas)*; como, na Idade Média, os boatos e as lendas eram utilizados pelos senhores feudais e pela realeza em sua luta pelo poder.

Mas é verdade que foi a partir do século XVIII que a opinião se tornou um conceito, no momento em que a vida pública começou a se organizar: a emergência de um pensamento que descobria o poder da razão com *As Luzes* (o movimento iluminista); as ideias da Revolução Francesa, que enxamearam a Europa, como uma possibilidade de emancipação das sociedades ao assumirem o destino da nação; a laicização do Império napoleônico, cortando definitivamente o cordão umbilical entre poder e graça divina e substituindo-o por uma onipotência guerreira, jurídica e administrativa. Tudo isso permitiu que a sociedade dita civil se organizasse em grupos de pressão contra o poder central: constituição, nos centros urbanos, de espaços de troca sob a forma de clubes, bares, cafés e outros locais de reunião; desenvolvimento de uma palavra crítica, publicização desta, que começou a circular em grupos de discussão e logo após em grupos de reivindicação. Nascia a razão crítica e com ela o surgimento de uma sociedade civil com direito à palavra pública. A partir desse momento, a luta entre uma instância de poder e uma instância de opinião foi crescente, tornando a fronteira entre público e privado cada vez mais imprecisa, a ponto de aboli-la quase completamente.

No século XIX, o trabalho – e, por conseguinte, a vida – desloca-se lentamente do campo para a cidade, passando do espaço limitado (mas ao mesmo tempo aberto) do território para um espaço de reclusão, o da fábrica; um espaço no qual o trabalhador não tem mais nenhum vínculo de propriedade com os objetos que manipula, não tem mais autonomia de movimento, achando-se preso à ferramenta de trabalho (a máquina) e à autoridade da hierarquia. Mas, paralelamente, dado que o desenvolvimento do trabalho industrial exigia, por razões de eficácia e rentabilidade, que o maior número de trabalhadores estivesse presente no mesmo espaço, surgiu um novo fenômeno: as *massas*. Com elas surgiu uma nova consciência coletiva que as levou a se organizarem, a reagirem e a se constituírem em contrapoder. No começo, as reações dessas massas eram, sobretudo, reações de força (a força da massa contra a força do comando), pois a opinião que podia surgir daí não era mais do que uma soma de pontos de vista individuais, e a razão do mais forte era somente uma razão de número, tornando-se razão estatística quando surgiu o sufrágio universal, sem outra ética que não fosse a da maioria. A noção de opinião majoritária surgia substituindo a opinião crítica do século precedente, que se apresentava como uma opinião esclarecida.

A primeira metade do século xx reagiu a essa ditadura do número, e as instâncias de poder retomaram o controle das coisas: organizando uma burocracia de Estado constituída por elites formadas em lugares específicos e seletivos, despersonalizando o poder, ao fazer surgir um poder tecnocrático mais abstrato; permitindo que a sociedade civil se organizasse em corpos intermediários sob o bastão de partidos, sindicatos e associações; e, enfim, organizando a informação com o objetivo de propaganda (para o pior), e o debate social com o objetivo de entendimento (para o melhor), organização de que se apoderaram (exceto nos momentos de grandes crises sociais) a ponto de instrumentalizar a sociedade civil, até mesmo através de pesquisas estatísticas. Então, a opinião seria, agora, a nova "rainha do mundo", tal como já estava dito no dicionário da Academia Francesa do século XVIII, ou seria essa massa sempre vítima de manipulação, como o pretende Chomsky em seu livro *La fabrication du consentement?*[3] Alguns sociólogos e filósofos, como Pierre Bourdieu[4] e Jean Baudrillard,[5] chegam a declarar que ela não existe, que ela não passa da expressão de uma massa informal, ignorante, cuja aparente homogeneidade seria apenas o efeito de uma manipulação por parte das elites com a cumplicidade das mídias. Outros filósofos consideram que a opinião é constitutiva do pensamento e que ela reflete, de algum modo, os bens e os males da sociedade, pelo fato de que o "querer viver juntos" dos membros da cidade os torna capazes de construir espaços de fala de onde, pela força das trocas, das controvérsias, das deliberações, emergem pensamentos comuns sobre a vida em sociedade. Para Platão, a opinião vem da *doxa*, que é uma das realizações finais do ato de pensar, embora ela se limite à aparência das coisas, às imagens, ao mundo sensível que faz com que as opiniões não tenham permanência, que elas sejam plurais e contraditórias entre si. Para os sofistas que declaram, pela voz de Protágoras, e contra a tradição platônica, que "o homem é a medida de todas as coisas", a opinião é intrinsecamente ligada à democracia, pois é o espaço comum onde se encontram as vozes que diferem. Tocqueville, grande pensador da democracia, argumenta que é realmente a opinião que conduz o mundo: "Não só a opinião comum é o único guia que resta à razão individual nos povos democráticos, como ela detém, sobre esses povos, uma potência infinitamente maior que sobre nenhum outro."[6]

Há algumas décadas, as ciências humanas e sociais se apoderaram dessa noção para tentar circunscrevê-la, cada uma segundo sua própria metodologia, ora falando por ela, ora fazendo-a falar através de pesquisas empíricas ou procedimentos experimentais. Partiremos, pois, da ideia de que a opinião existe na medida em que se manifesta e influi na vida social. Um olhar semiológico voltado para o comportamento dos indivíduos vivendo em sociedade permite ver suas múltiplas manifestações, na medida de suas atividades discursivas. É falando que os indivíduos trocam e constroem pensamento; é falando que, na flutuação entre pensamento individual e pensamento coletivo, eles tomam consciência ao mesmo tempo de sua singularidade e de seus pertencimentos sociais; é falando que lançam no espaço público inúmeras bolhas de sabão que flutuam, se entrechocam, explodem e se recompõem em controvérsias sem fim. Como o barquinho improvisado que as crianças fabricam com uma caixa de fósforos, e que deixam navegar na corrente de um riacho, balançado por diferentes correntes, chocando-se contra pedras, imergindo e depois reaparecendo numa curva que o faz mudar de direção, assim nasce, vive e morre a opinião ao sabor das circunstâncias da vida social.

A fabricação da opinião pública

Para que uma opinião se exprima, é preciso que haja um motivo: é preciso que seja tocada por um acontecimento que lhe diga respeito de maneira vital, ou que seja solicitada a se pronunciar num debate de sociedade. A opinião não aparece *ex nihilo*, não preexiste ao surgimento dos acontecimentos, ela se constrói no próprio acontecimento. Trata-se então de uma opinião que depende, ao mesmo tempo, dos acontecimentos que se apresentam a ela e do grupo que a sustenta. Mas a opinião pública também se delineia através do olhar que a contempla. O olhar dos políticos, que, segundo suas filiações partidárias (de direita, de esquerda, de centro etc.), a consideram uma massa que precisa ser seduzida. O olhar das pesquisas de opinião e de diversas outras pesquisas, que a categorizam segundo critérios de idade, de classe social, de profissão, de estilos de vida, e em função do interesse do momento (eleições, crises sociais e econômicas, catástrofes naturais etc.). O olhar das mídias, que, segundo os suportes de difusão (rádio, imprensa, televisão), imaginam quais são os preconceitos, as expectativas e os imaginários de seus ouvintes, leitores e telespectadores, categorizando-os em perfis de público tendo em vista os tipos dos programas, as horas de escuta, a natureza dos jornais. Ou seja, sobre a opinião, não se procura saber o que ela é, procura-se dizer o que ela *pensa* e o que ela *quer*. A opinião pública é sempre refém de alguém.

Além disso, querendo tomá-la em sua totalidade, cada um desses olhares tende a dar-lhe um caráter absoluto e definitivo, a *essencializá-la*. Ora um político declara com segurança: "O povo está cansado das falsas promessas", ora é uma pesquisa que categoriza as opiniões de maneira absoluta: "os dinamarqueses que têm confiança na Justiça são 70%, os austríacos 61%, os luxemburgueses 59% [...] os franceses, penúltimos, 35%...", ora é uma manchete de jornal que declara de maneira peremptória: "Os cidadãos franceses não confiam em seus dirigentes."

A opinião pública está em construção permanente, na confluência de um triplo movimento de *reação* por parte dos grupos sociais, de *atribuição* por parte dos atores políticos, de *categorização* por parte das instâncias midiáticas. Apresenta-se ao mesmo tempo fragmentada e homogênea, reativa e intimidada, autônoma e sob influência, isto é, numa forma plural: não *uma* opinião pública, mas *várias* opiniões públicas.

A OPINIÃO PÚBLICA POR REAÇÃO (*BASTA YA!*)

A opinião coletiva emerge por reação, quando, achando-se numa situação que se julga insuportável, grupos de indivíduos mais ou menos organizados se reúnem em diversos locais, manifestam nas ruas, ou fazem greve. Os movimentos sociais podem ser pacíficos, como se pôde ver nas manifestações dos "sem documentos", dos "sem domicílio fixo", dos "indignados" na Europa e nos Estados Unidos, e nas dos "altermundialistas".

Também podem ser violentos: minoritários em seu início, podem se transformar em massas revolucionárias ou insurrecionais – como foi o caso dos Revolucionários de 1789, dos *Communards*[*] de 1870, dos revoltosos da Primavera de Praga, da Tchecoslováquia, e mais recentemente dos países árabes. A palavra coletiva desses movimentos é sempre um grito que traduz o insuportável da fome, da miséria, da opressão, da humilhação, da injustiça e, muitas vezes, tudo misturado, expressando uma opinião revoltada, denunciadora e reivindicatória. Mas é preciso, para que isso ocorra, que haja circunstâncias históricas (o que faz com que não se possa prever a emergência das opiniões nem o surgimento desses movimentos) e uma organização (sindicatos, associações, grupos que tenham um líder), a fim de que as populações possam se agregar maciçamente em torno de palavras de ordem que expressem seu ressentimento e sua determinação – como o famoso "*¡Basta ya!*",[**] grito emblemático dos povos oprimidos nas grandes revoltas.

No entanto, para que uma opinião pública se manifeste, é necessário que surja no espaço social um acontecimento suscetível de tocar uma grande quantidade de indivíduos. Isso só ocorre sob certas condições, pois nem todos os acontecimentos têm a mesma importância aos olhos do público. Sua natureza deve ser tal que chegue a tocar – como se diz do florete que toca o peito do esgri-

---

[*] N.T.: Refere-se àqueles que participaram do movimento insurrecional da Comuna de Paris em 1871. Esse movimento tomou o poder em Paris e assumiu, durante cerca de 3 meses, a gestão da cidade sem contar com os recursos do Estado.

[**] N.T.: Exclamação em espanhol que pode ser traduzida por "Já chega!" e que é frequentemente utilizada como bordão em movimentos ativistas nos países de língua espanhola.

mista – alguma coisa de *vital* no inconsciente dos indivíduos, ou então que ponha em alerta sua consciência *moral*. Daí surgirá talvez uma indignação que poderá se transformar em acusação aos responsáveis, uma compaixão que poderá desencadear movimentos de solidariedade para com as vítimas, uma *cólera* que, não suportando a iniquidade de uma situação, assumirá diversas formas de reivindicação: manifestações, ocupação das mídias, ações associativas ou interpelação nos tribunais. Em contraste, diante das torpezas financeiras de certas pessoas cujas vítimas são poderosos desconhecidos ou anônimos, apenas assumem um olhar irônico e divertido.

Mas é necessário também que o acontecimento seja *aberto*, que cause problema e que não esteja resolvido. É seu caráter de *incerteza* que o torna apto a ser captado pela opinião. Daí surgirá uma interrogação que provoca uma busca de causalidade. Quando a incerteza diminui, a opinião se desinteressa do acontecimento: já que se conhece a causa, não há mais suspense nem razão para ficar ligado ao fato, pois não há mais nada a dizer diante de algo que passou e teve uma conclusão definitiva. Pode-se conservar uma opinião pessoal sobre esse fato que, no entanto, não arrebata mais a opinião pública. Não se volta mais ao acontecimento de 11 de setembro de 2001, marcado pelo desabamento das torres gêmeas do World Trade Center, exceto com a finalidade de homenagem. Ao contrário, se aparecerem novas acusações sobre o comportamento de Dominique Strauss Kahn, ex-diretor do FMI, poderá ser relançado um caso antigo suscetível de mobilizar novamente uma parte da opinião pública.

A OPINIÃO PÚBLICA POR ATRIBUIÇÃO
(O EFEITO DE ESPELHO)

A opinião pública surge, pois, em reação ao acontecimento, mas não pode durar muito tempo se, após causar movimento e voz comum, não puder ouvir sua própria voz, se não puder olhar-se num espelho que lhe remetesse sua imagem de "corpo social falante". A opinião necessita ouvir-se em seu próprio eco, e mesmo contemplar-se no reflexo de seu próprio rosto. É preciso, para isso, que a palavra coletiva circule na sociedade, que ela se confronte com outras palavras e que tome consistência, que "se essencialize" sob diferentes formas, de modo que as pessoas possam reconhecer-se nessa palavra. A opinião pública se constrói então através de uma multiplicidade de olhares exteriores, dando, da sociedade, uma imagem ao mesmo tempo fragmentada e homogênea, ou pelo menos uma ilusão de homogeneidade. A opinião pública existe tanto pelos discursos que produz sobre si mesma ou sobre os outros quanto por aqueles produzidos sobre ela,[7] instaurando uma luta de influências entre tais discursos. Estes são essencialmente produtos, em nossa época, do mundo político, das mídias e das pesquisas de opinião. Os atores políticos, no caso, para justificar suas declarações ou suas ações, empenham-se em pensar pelo povo, nomeando-o de diversas maneiras, atribuindo-lhe julgamentos, sentimentos, intenções: "Os franceses julgam que...", "O eleitorado compreendeu que...", "Nossos concidadãos não suportam mais...".

Assim, cada candidato atribui uma opinião, um sentimento, um estado de espírito aos franceses, para mostrar que compreende o que é a demanda social, para fazer-se de seu porta-voz ou declarar-se seu defensor. Esse ato de apropriação é uma atitude clássica do discurso político. O povo é sempre qualificado como sofredor, vítima ou em fúria, a não ser que lhe reconheçam alguma qualidade ou que mergulhem no fundo de seu inconsciente para revelar seus motivos de inquietação, os quais são adotados como temas de campanha. Essa construção da opinião coletiva é um tanto derrisória posto que fictícia, mas paradoxalmente é uma "ficção necessária",[8] suscetível de encontrar eco junto a uma parte da população. Pelo menos é isso o esperado.

As consultas populares fazem parte dessa construção da opinião, com a particularidade de que, pela obrigação de se pronunciar a favor ou contra uma questão de sociedade, a opinião se acha dividida, obrigada a se reconhecer como pertencente a um dos dois grupos que resultarem da consulta. Uma vez mais, são grupos aparentemente homogêneos, essencializados em representantes da soberania coletiva, mas que têm como efeito dividir a sociedade. Maquiavel pensava que, na divisão da sociedade, havia riscos a serem assumidos, os riscos de uma mobilização do incontrolável. Isso foi patente, na França, por ocasião do referendo de 2005 sobre o tratado que estabelecia uma Constituição para a Europa: destinado a construir uma opinião favorável ao tratado, o que fez foi destruir um possível consenso, pois 54,68% dos eleitores o rejeitaram.

A opinião atribuída não é exclusividade dos políticos. Ela também é construída pelos responsáveis por pesquisas de opinião e pelos comentaristas da vida política, sendo tudo retransmitido pelas mídias. Os primeiros tratam a palavra coletiva como uma categoria global, portadora de julgamentos classificados em subcategorias, segundo diversos parâmetros: sexo, idade, profissão etc., e os publicam sob a forma de porcentagens. Os segundos, por seus comentários, apresentando-se com a aura de especialistas, contribuem para fixar, no espírito dos jornalistas e dos públicos que os escutam, opiniões das quais não se sabe se são particulares ou gerais. Eles também, como os políticos, pensam pelos franceses. O cientista político e ex-diretor do Institut de Sondages CSA, Stéphane Rozès, pontua suas análises por: "os franceses querem ou não querem mais", "os franceses estão fartos de", "os franceses não são tão bobos assim", "os franceses pensam que".[9] Quanto às mídias, elas fazem circular a palavra coletiva nas diferentes camadas da população, tocando assim o maior número de indivíduos através de manchetes, citações e fórmulas de impacto, com a aparência de uma opinião consensual. Veremos no capítulo seguinte como as pesquisas podem manipular a opinião.

Uma confusão a evitar: a opinião não é o eleitorado

Em muitas sociedades, existe uma crença largamente difundida que consiste em pensar que o cidadão, sobretudo no período de eleições, quando ele constitui o eleitorado, deve estar interessado, e mesmo apaixonado, pelo jogo político e pela disputa das eleições – como o são, por diversas razões, os partidos políticos, as mídias e os institutos de pesquisa de opinião. Há outra crença, correlata, de que o cidadão deve se pronunciar, senão em função de suas orientações ideológicas, pelo menos em função de suas sensibilidades partidárias. Isso se soma a outras crenças que consideram a opinião a expressão do "bom senso popular", ou, ao contrário, uma massa que não pensa e que se deixa manipular facilmente.[10]

Analisar as categorias de cidadãos e de eleitores em termos de ideologia não explica o fenômeno, pois não é certo que esta seja o guia de sua opinião em todas as circunstâncias. Também não é certo que eles saibam qual é a sua ideologia, se a definirmos como um sistema de pensamento político.[11] Alguns deles podem defender valores de direita ou de esquerda, mas, envolvidos pelos encargos da vida cotidiana, só têm olhos para seu interesse imediato. Outros declaram aderir às ideias de tal partido ou de tal líder político, entretanto, votam a favor de outro candidato em nome, por exemplo, dos valores de segurança.[12] Outros ainda podem ter estratégias que escapam às respostas suscitadas pelas pesquisas de opinião, declarando naquele momento que são contra tal candidato, mas votando nele no primeiro turno para expressar seu descontentamento e amedrontar seu próprio candidato.[13] Enfim, outros podem votar num candidato unicamente em razão de seu carisma.[14]

O cidadão é alvo de influências múltiplas: dos diversos meios familiares, de amizades, profissionais, associativos, nos quais circula e que variam segundo seu grau de implicação; influências dos preceitos ideológicos (às vezes familiares); influências das mídias e da internet; influências dos acontecimentos que podem tocá-los mais ou menos diretamente; influências do questionamento e do falatório propagandista ao qual é submetido quando das consultas locais ou nacionais. Sem esquecer, evidentemente, o que é menos mensurável, as influências devido às preocupações da vida cotidiana e profissional, o que o leva a favorecer o político mais carismático. Acontece com o eleitorado o mesmo que se dá com o céu estrelado: proporciona ao olhar diversas figuras, compostas ao sabor de nossa imaginação. As estatísticas fazem crer que o eleitorado se divide em grupos homogêneos ou, se se levar em conta um eleitor qualquer, é difícil conhecer suas motivações e as redes sociais nas quais atua e que são suscetíveis de influenciá-lo. Não se sabe se suas motivações são as mesmas quando se trata de uma consulta nacional, local ou de um referendo. Também não se sabe em que medida a participação na vida local e o convívio com as autoridades municipais influem em sua opinião. Ignora-se também como o eleitor se informa, pois não basta saber se ele ouve rádio, se assiste aos telejornais, se lê artigos da imprensa. Ele se informa indo além das simples chamadas dos telejornais ou das manchetes dos jornais impressos? Escuta as entrevistas no rádio, assiste aos debates na televisão? Lê as colunas de opinião da imprensa? Navega na web ou se limita aos assuntos explorados e comentados pelas mídias e discutidos nos bares? Sabe-se qual é o comportamento dos eleitores com relação às mídias de informação? Um estudo qualitativo realizado na França, com entrevistas detalhadas realizadas com grupos selecionados (*focus groups*), permitiu pôr em evidência julgamentos, atitudes e comportamentos coletivos, determinando diferentes categorias de consumidores midiáticos: os "catadores", que colhem informações ao sabor das circunstâncias, os "entusiastas", que são apaixonados pela informação, e os "inativos", que consultam muito pouco as mídias.[15] A questão que se coloca é a da competência do cidadão.

ALGUMAS CATEGORIAS DE ELEITORES E CIDADÃOS

Categorizar o eleitorado é tão difícil quanto a opinião pública, e é necessário, também nesse caso, evitar cair no erro de falar genericamente sobre uma opinião pública. Tentaremos então definir os eleitores recorrendo a diversas pesquisas e estudos que investigam os tipos de públicos. Partiremos da hipótese de que existem quatro grandes categorias de eleitores, que chamaremos de: os *"convictos"*, os *"eleições-para-os-bobos"*, os *"flutuantes"* e os *"não contentes"*.

Os *"convictos"* são eleitores que, por diversas razões, votam sempre no representante de seu campo ideológico. Mas do que são convictos? Do partido político, do candidato que o representa, das ideias e valores que aparenta defender? Ou, simplesmente, da rejeição dos outros candidatos, de uma escolha partidária contra o campo adversário? Pode ser por uma dessas razões ou por todas elas, mas o que se constata é que esses eleitores são surdos e cegos. Sua surdez os impede de ouvir as críticas, os argumentos, as propostas dos outros; sua cegueira os impede de lançar um olhar crítico ou distanciado em seu próprio candidato. Quem já não teve a experiência de tentar explicar um ponto de vista a pessoas que têm uma opinião contrária e sentir que não é ouvido? O mesmo acontece nas campanhas eleitorais com os eleitores convictos, que não têm um olhar isento sobre seu candidato. Esses eleitores, quando não podem argumentar, definem-se pela negativa, são mais *contra* do que a *favor*.[16]

Os *"eleições-para-os-bobos"*,[17] por sua vez, também são radicais. É certo que essa expressão evoca um tempo no qual a voz dos anarquistas ainda era forte. Mas existem ainda libertários

O que é a opinião pública? **53**

e esquerdistas que pensam que votar é uma falsa expressão da soberania do povo, pois o eleitor é manipulado e dominado pelas elites que confiscam o poder. Esses eleitores – que não o são porque não votam, mas que devem ser chamados assim porque o não voto tem incidências sobre os resultados de uma eleição – consideram que as eleições não existem para eles porque "todos os políticos são iguais": enganam o povo fazendo promessas que não cumprem. Entretanto, esses eleitores não se consideram maus cidadãos. A reflexão de um jovem ao responder a uma jornalista que lhe perguntou por que ele não votaria é reveladora desse estado de espírito: "Não votar não me impede de ser um bom cidadão", querendo dizer que a marca da cidadania não se reduz ao voto. Sim, mas ser cidadão é participar da vida da cidade, e o voto é um dos meios que permitem a expressão da soberania popular. Há aqui, entretanto, um paradoxo. Esses libertários deveriam, em sua lógica, recusar-se a votar e somar-se à categoria dos abstencionistas. Ora, alguns vão aderir aos partidos populistas de direita ou de esquerda, tão logo um líder carismático conseguir criar "sereias" suficientemente agradáveis de se ouvir a ponto de atraí-los. Não se sabe se, no final, essa categoria de *"eleições-para-os-bobos"* vai ou não votar, pois a ambivalência é sua principal característica.

Os *"flutuantes"* constituem o batalhão das pesquisas que fazem mudar os resultados da esquerda para a direita ou inversamente, fazendo com que as previsões feitas sejam inexatas. A pesquisa *Présidoscopie 2012*[*] mostrou, nas últimas eleições presidenciais

---

[*] N.T.: A pesquisa intitulada "Présidoscopie 2012" é um instrumento de análise eleitoral, e foi realizada pelo instituto Ipsos e pelo Logica Business Consulting, para o Centro de Estudos Políticos de "Sciences Po" (Cevipof), para outras fundações, e para o jornal *Le Monde*.

54 A conquista da opinião pública

na França, os movimentos de intenção que acontecem ao longo da campanha: alguns eleitores mudam de candidato (transferências potenciais de votos de um candidato a outro); outros mudam quanto à sua intenção de votar ou não. Mas trata-se, uma vez mais, apenas de intenções. Os *"flutuantes"* não votam seguindo posições ideológicas, mesmo que defendam alguns valores, mais pragmáticos do que simbólicos. Há neles uma espécie de medo de tomar partido, uma recusa em tomar posição e julgar as posições dos outros, como se tudo fosse igual ("nem direita, nem esquerda"), pois, segundo dizem, é preciso de tudo para fazer um mundo, e cada um é livre para pensar o que quer sem se deixar cooptar pelos partidos. Mas esse individualismo relativista é paradoxal, porque é junto a esse eleitorado que as palavras de promessa agem mais fortemente, sobretudo quando têm a ver com as preocupações cotidianas dos eleitores, sejam elas de ordem econômica (poder de compra, encargos sociais) ou fantasmática (a segurança). Muitas vezes, desencantados com tudo, desarmados diante das situações de crise, sentindo-se impotentes e sentindo a impotência dos políticos, esses indecisos se refugiam no regaço de algum líder populista. Os flutuantes também caem na armadilha do carisma.

Os *"não contentes"* são encontrados em todos os campos, visto que estão insatisfeitos com sua condição de vida e com os governantes. Eles são a parte mais imprevisível do eleitorado em seus movimentos de adesão a um candidato, pois são capazes de mudar de lado ou de radicalizar-se em detrimento de seu próprio lado. Os efeitos dessas mudanças ocorreram na divisão da direita nas eleições de 1981 na França, quando uma parte dos gaullistas chiraquianos abstiveram-se de votar em Giscard d'Estaing, e na ascensão da Frente Nacional (FN) paralelamente à divisão da esquerda nas eleições de 2002, quando Jean-Marie Le Pen recebeu mais votos que Lionel Jospin. Isso também ocorreu na campanha de 2012 com a primeira ascensão da Frente Nacional, notadamente antissarkozysta, e com o sucesso inesperado de Jean-Luc Mélenchon, portador dos sonhos da "Grande Noite",* em detrimento de Marine Le Pen. Em 27 de março de 2012, uma pesquisa do Instituto BVA atribuía ao candidato da esquerda radical, pela primeira vez, um ponto a mais que sua adversária (14% contra 13%), enquanto pesquisa do Instituto Francês de Opinião Pública (Ifop) colocava o primeiro com 13%, contra 15,5% para a líder da FN, e os outros institutos anunciavam que Jean-Luc Mélenchon se aproximava de Marine Le Pen.[18] Esse eleitorado, então, é muito sensível aos líderes carismáticos, tanto de direita como de esquerda, que sabem denunciar a degradação do bem-estar social e estigmatizar os responsáveis pela crise prometendo grandes rupturas, como se fosse o Zorro chegando para libertar o povo de seus opressores: são essas as características do discurso populista.

EXISTE UM ELEITORADO POPULAR? A QUEM ELE PERTENCE?

O eleitorado popular, esse obscuro objeto do desejo. O que caracteriza esse eleitorado, que todos sonham ter nas próprias mãos? Os políticos e seus conselheiros gostariam de apropriar-se

---

* N. T.: Tradução da expressão "Grand Soir", que, no vocabulário de anarquistas e extremistas, significa o período da jornada que precede ou segue a revolução, que vai levar à libertação da tirania.

56 A conquista da opinião pública

dele; os institutos de pesquisa de opinião o convertem em estatísticas e vendem seus resultados; os especialistas em política e outros analistas procuram compreender seus movimentos. De algum modo, é possível saber quem ele é? É popular por seu pertencimento socioeconômico ou por seu comportamento, por seu pertencimento objetivo a uma categoria social (o pertencimento "em si" de Marx) ou pela representação que tem de si, sua consciência de pertencimento (o "para si" de Marx)? Ele só aparece em alguns momentos históricos (a Revolução Francesa, as primaveras árabes) ou existe de maneira perene no tecido da vida política? Ele existe por seus próprios movimentos, suas mobilizações ou unicamente através do olhar daqueles que falam dele e o definem? Essas são questões que demonstram a dificuldade de captar essa entidade.

Durante muito tempo, os políticos, os jornalistas e os analistas consideraram que as camadas populares eram compostas quase exclusivamente pela classe operária. A partir dos anos 1950, estudos sobre as categorias socioprofissionais destinados a alimentar o *marketing* político e comercial dedicaram-se a determinar categorias (oito no total)[19] segundo diferentes critérios referentes a dados econômicos e profissionais,[20] o que estende a classe popular ao conjunto das camadas médias da população.[21] Nos estudos e nas análises sociológicas, o "popular" foi essencialmente assimilado, numa lógica de mercado, às camadas menos favorecidas em termos de capital econômico, social e escolar, e considerado pelos sociólogos vítima da dominação da burguesia industrial e empreendedora,[22] ou, ainda, segundo uma inspiração gramsciana, como força de contrapoder e renegociação.[23] Enfim, as mídias, visando à audiência, tratam as camadas populares como o "grande público", alvo de uma informação ao mesmo tempo simplificada e dramatizada.

Para tentar seguir os movimentos do eleitorado popular, pode-se buscar as bases em três tipos de análise:

• uma análise *sociodemográfica*, como a feita pelos pesquisadores Hervé Le Bras e Emmanuel Todd,[24] que observam os movimentos das populações, sua constituição familiar, seu habitat e suas consequências: configuração do espaço favorecendo ou não as relações de vizinhança e de possível vida comum, a distância entre o domicílio e os locais de trabalho, da escola, do comércio, os transportes coletivos, as diferentes restrições de vida que têm incidências no orçamento familiar. Essas restrições podem favorecer uma vida plena de contatos diretos, fazendo circular a informação e contribuindo para um determinado conhecimento da vida social e política, ou, ao contrário, provoca o isolamento dos indivíduos pela ausência de contatos, encerrando-os numa vida que se relaciona com o exterior não profissional somente através da televisão, situação propícia a alimentar fantasmas ameaçadores de um inimigo desconhecido, que levam à criação de bodes expiatórios. Produz-se, então, uma mistura de classes médias e populares que ocuparam zonas de habitação na periferia das cidades de médio porte, em novos loteamentos ou em fazendas, ou mesmo instalando-se em *trailers* em terrenos comprados.

• uma análise *sociológica* clássica, que, com base em pesquisas empíricas e estatísticas, permite construir categorias sociais de acordo com seu capital econômico, social, escolar, e sua filiação profissional, num ordenamento hierárquico em po-

58 A conquista da opinião pública

sições baixa, média baixa, média alta, elevada. É uma maneira de tentar decompor a dita classe popular em diversos grupos socioprofissionais (operários, operários especializados, executivos, executivos superiores etc.).

• uma análise *sociodiscursiva* que estuda, através dos discursos de diversas populações, os imaginários sociais disponíveis, suscetíveis de alimentar as motivações dos eleitores. Isso permite distinguir diferentes motivos de adesão a partidos políticos ou a seus líderes – ideológicos (em função de valores), emocionais (em razão de crises: a insegurança), de identificação com líderes (imagens carismáticas) – e permite perceber a dependência dessas populações quanto aos diferentes suportes de informação e à sua orientação.

Assim, entrecruzando os resultados desses três tipos de estudos, pode-se ver que, na França, ao final do século XIX, a grande burguesia investiu nas zonas periféricas das cidades, de início em residência secundária, depois em residência principal, determinando um voto conservador. Nos anos 1970-1980, as classes populares (operários especializados, empregados humildes), tendo se beneficiado das lutas sociais e das "Trente Glorieuses",[*] instalaram-se nas zonas periurbanas, reunindo-se, por vezes, aos artesãos e aos comerciantes nas novas construções de loteamentos, e aproximando-se dos camponeses. Mas, nesse ambiente, produzem-se poucos encontros que gerem desejos de distinção (não ser confundido com o outro) e reações de medo

---

[*] N.T.: Referência ao período de 30 anos que teve início em 1945, após o término da Segunda Guerra Mundial, no qual se verificou, nos grandes países industrializados, um crescimento econômico forte e regular – interrompido pela crise do petróleo de 1974. Tradução literal: "Os trinta [anos] gloriosos".

O que é a opinião pública? **59**

(contra o outro). Depois, como essas populações perderam seu poder de compra pelo aumento dos impostos (territorial, urbano), do preço da gasolina, dos transportes e da alimentação, ficaram sem emprego e em estado precário, experimentaram um sentimento de declínio, ficaram ressentidas com um poder político julgado impotente, começando a ter reações conservadoras e de exclusão do outro: "Essas pessoas, mesmo tendo documentos franceses, nunca poderão se integrar. Elas não têm a mesma mentalidade."[25] Nessas condições, essas populações se deixam seduzir pelos discursos dos líderes populistas, contra as elites e em favor da autoridade. Isso corresponde a um percentual elevado de votos para a FN nas zonas periurbanas e infraurbanas, enquanto se mantém baixo nos grandes centros urbanos.

Mesmo assim, o eleitorado popular é difícil de determinar. Se julgarmos pelos tipos de discurso aos quais os indivíduos são sensíveis, o eleitorado popular é sempre um agregado heterogêneo de pessoas que pertencem a classes sociais baixas e médias do ponto de vista econômico, às quais se unem, ao sabor das circunstâncias da vida social e política, grupos sociais diversos (os executivos e patrões das pequenas e médias empresas), na medida em que reagem eleitoralmente segundo os mesmos comportamentos, quaisquer que sejam suas afinidades partidárias. Não se trata, pois, de uma classe definida segundo critérios exclusivamente econômicos ou sociais — mesmo que estes estejam implicados –, mas de um agrupamento efêmero de eleitores que se agregam no momento das crises, ruminam um sentimento de impotência e voltam-se para os candidatos que fustigam o liberalismo e a mundialização, ou, ao contrário, prometem trabalho, segurança e valorizam o nacionalismo através de uma ruptura radical. Essa categoria de eleitores é composta menos por *"convictos"* do que por *"flutuantes"* e *"não contentes"*, que votam menos por *ideologia* do que por *reação*, ao se sentirem desclassificados, fiscalmente oprimidos. Um conjunto heterogêneo de comerciantes, artesãos, pequenos empreendedores, que se debatem entre os rendimentos do trabalho e os encargos, que assumem várias frentes de trabalho correndo o risco de não poder atendê-las, só pensam em negociar os preços das mercadorias a adquirir, usam muitas vezes do não faturamento para evitar impostos, evitam dar emprego a outros por causa dos custos trabalhistas. Ao serem interrogados sobre seu posicionamento político, declaram não ser nem de direita, nem de esquerda, mas votam à direita por medo de uma esquerda que seria contra a livre empresa e que prefere desenvolver o assistencialismo: "essas pessoas preferem ser subvencionadas a trabalhar", dizem eles. Mostram-se, pois, avessos aos argumentos de uma democracia social que prega o interesse geral, o compartilhamento e a solidariedade.

Por seu efeito perverso, as estatísticas levam a crer que esse eleitorado constitui uma massa homogênea. Na França, por exemplo, excetuando o período da Revolução, a História mostra uma tendência de seu povo ao conservadorismo. Trata-se mais de uma tendência cultural do que de um posicionamento político. Há, evidentemente, uma base importante de *"convictos"* fortemente impregnados de uma ideologia liberal e autoritária. Mas o que faz com que o eleitorado se incline, no final, para a direita, é o voto dos *"flutuantes"*, da população que se diz neutra ou de centro, como atesta o montante dos votos dos partidos centristas, e o dos *"não contentes"*, da população atraída pelo canto das sereias populistas, como provam os votos para a Frente Nacional. Já os *"eleições-para-os-bobos"* fornecem de maneira aleatória os abstencionistas e favorecem a direita. Isso nada tem de fatalidade, mas pode-se observar que dois fantasmas são muito impregnados no eleitorado francês, alimentados pelos discursos dos políticos e repetidos pelas mídias: à direita, o fantasma social-comunista; à esquerda, o fantasma fascista ou ultraliberal, o que explica que esse eleitorado seja tão inclinado a se bipolarizar.

De todo modo, o eleitorado popular não pode ser negligenciado, pois é ele que, no final, faz a maioria, seja por abstenção, seja por emoção. Em resumo, são decisivos: o grosso batalhão dos *"flutuantes"* que se deixam seduzir por promessas suscetíveis de atender às suas preocupações cotidianas; e os *"não contentes"*, imprevisíveis, pois são capazes de mudar de lado ou de chegar ao extremismo segundo o carisma do candidato.

Conhecer as motivações dos comportamentos e dos julgamentos dos indivíduos será sempre o maior obstáculo à captação da opinião. Quando esta não se autodetermina por reação, sob influências diversas, quando não é convocada idealmente pelos discursos políticos e midiáticos, é fabricada por diversos modos de análise que não almejam atingir a profundidade de suas motivações, pois o que os informantes que respondem às pesquisas de opinião declaram não é necessariamente o que eles pensam. Sobretudo, seria necessário não sacrificar o qualitativo ao quantitativo sob pretexto de cientificidade. O problema das ciências humanas e sociais é o da interpretação dos fenômenos, e se a estatística pode ser útil para atender a uma necessidade de informação, ela não constitui, em si, uma interpretação.

A consciência cidadã. O difícil paradoxo

A identidade de um grupo se define no entrecruzamento de uma multiplicidade de olhares, mas isso não significa que cada indivíduo perceba essa diversidade. De fato, o que está em jogo em nossa relação com o grupo não é tanto a identidade como marca essencial, definitiva e absoluta de nosso pertencimento a ele, mas o sentimento que temos em relação às características do grupo e nosso vínculo com o grupo. Assim, ser francês nada mais é que "se sentir francês", e ser cidadão não é mais que "se sentir cidadão" e, ao entrecruzar os dois sentimentos, "se sentir cidadão francês".

É preciso, então, distinguir *pertencimento* e *sentimento* identitário. Nossos pertencimentos o são de fato: pertencemos objetivamente a um grupo por nossa identidade social de idade, sexo, meio familiar e profissional ou por nossa identidade religiosa, étnica, e mesmo tribal. Quanto a nosso sentimento identitário, ele procede de uma idealização; ele se constrói subjetivamente em referência a um grupo no qual desejamos nos reconhecer, ao qual nos ligamos por intermédio de um sistema de crenças. Identidades de pertencimento e identidades de referência idealizada podem se sobrepor (pertencimento ao grupo das mulheres/referência a um grupo militante pela causa das mulheres), se contradizer (pertencimento a um meio familiar tradicionalmente de direita/ referência a um grupo de pensamento de esquerda), o que torna a tarefa difícil e nos mergulha num paradoxo. Isso porque, para que nosso sentimento identitário seja forte, é necessário que seja único; ora, passamos nosso tempo circulando de um grupo a outro (grupo familiar, de amizades, profissional, corporativo, nacional,

O que é a opinião pública? **63**

cultural) e devemos multiplicar nossos sentimentos de pertencimento. O problema reside na dificuldade em gerir a multiplicidade de nossos pertencimentos e de nossos sentimentos identitários. Dentre essas consciências identitárias há a consciência cidadã. Esta não se define por um pertencimento étnico ou religioso, nem mesmo geográfico. Define-se pelo pertencimento dos indivíduos a uma mesma comunidade nacional na qual se reconhecem porque esta funciona como fiadora de sua vontade de estar e de viver juntos, e na qual exercem sua parte de soberania ao eleger seus representantes. A consciência cidadã é um condensado do "querer estar juntos" e do "querer viver juntos", e é de ordem simbólica. Baseia-se numa concepção idealizada da vida política e toma consciência de sua responsabilidade cada vez que uma determinada organização política a convida a expressar-se pelo voto, ou cada vez que, por decisão própria, se organiza em grupos de ação e se expressa através das manifestações de rua, dos *slogans*, dos panfletos e das mídias de informação.

Essa consciência obriga os indivíduos de uma comunidade a se posicionar em relação a tudo que diz respeito à organização concreta da vida em sociedade (da escala local à escala nacional). É, pois, algo a mais do que seria um simples sentimento de pertencimento a uma entidade nacional, pois engaja o indivíduo a participar de uma maneira ou de outra da vida em sociedade. Não implica necessariamente um militantismo que, como dissemos, exerce seu direito de vigilância sobre a governança do país de maneira ativa, através de organismos de contrapoder, mas implica duas exigências morais: (1) que cada um, ao exercer sua atividade, em qualquer ambiente que seja, mostre ter cuidado com o coletivo, para além de sua própria posição partidária; (2) que cada um tenha em mente, em nome da solidariedade para com os outros, a sua relação com o passado, a herança de que é portador e da qual deve testemunhar para os outros.

É em relação a essa dupla exigência que devem ser repensadas as questões do "arrependimento" e das explosões de violência por parte de certos grupos de jovens que vivem nos subúrbios. O pedido de desculpas, considerado uma resposta à escalada das reivindicações identitárias quanto às ações cruéis cometidas no passado (colonizações, massacres e genocídios), leva a querer saber de quais ações do passado devemos nos considerar responsáveis. Os atos violentos nos subúrbios devem pôr em questão nossa incapacidade, enquanto cidadãos, de transmitir, a uma determinada parcela da população que vive no mesmo território, valores aos quais ela poderia vincular-se para construir em si um sentimento identitário de cidadão – o que lhe daria uma razão de ser, uma dignidade, e a impediria de se deixar instrumentalizar por um certo proselitismo.

A consciência cidadã, antes mesmo de ser um dever, deveria ser um "cuidado natural" com o outro, um cuidado em se sentir solidário com os outros que vivem no mesmo espaço apesar das opiniões divergentes, uma solidariedade em nome de uma ética social que ultrapassa as diferenças, integrando-as. A identidade cidadã não é algo dado. Ela não está ligada a uma etnia, a uma religião, nem mesmo a uma profissão (não se é mais ou menos cidadão por ser um empresário, um empregado, um artesão, um comerciante, um operário, um camponês, um funcionário etc.). O cidadão é um ser de direito. Não é um indivíduo, uma pessoa física, mas um ser que constrói sua identidade pela consciência que tem desse direito e do que fazer com ele em sua vontade de viver junto aos demais. Essa consciência só pode ser a da partilha entre indivíduos e grupos, uma partilha que nos obriga a gerir da melhor maneira a relação com nossa singularidade e com nossos diversos grupos de pertencimento, dentre os quais nosso pertencimento à cidadania.

NOTAS

[1] Uma pesquisa recente feita junto a populações de imigração mostra que, na França, os imigrantes se declaram primeiramente como franceses: 42% (o que é uma proporção grande), enquanto na Grã-Bretanha são 81% os que se definem primeiramente pela religião.

[2] No caso de não haver nenhum subentendido particular.

[3] Noam Chomsky e Edward S. Herman, *La fabrication du consentement: De la propagande médiatique en démocratie*, trad. Dominique Arias, Marseille, Agone, Contre-feux, 2008. O original tem por título: *Manufacturing Consent: The Political Economy of the Mass Media*, New York, Pantheon Books, 1988.

[4] Pierre Bourdieu, "L'Opinion publique n'existe pas", em *Questions de sociologie*, Paris, Minuit, 1984, pp. 222-35.

[5] Jean Baudrillard, *La société de consommation. Ses mythes, ses structures*, Paris, Gallimard, 1970.

[6] A. Tocqueville, *De la démocratie en Amérique*, I, 4, Paris, Gallimard, 1951.

[7] Cf. a propósito dos públicos: D. Dayan, "Médias et diasporas", *Les cahiers de médiologie* n°3, *Anciennes nations, nouveaux réseaux, Paris*, Gallimard, 1999, e "Télévision: le presque public", *Réseaux, Communiquer à l'Ère des Réseaux*, n.100, v. 18, Paris, Hermès Science, 2000.

[8] Hartley, 1987 e 1988, citado por Dayan, 2000.

[9] Segundo suas participações na estação de rádio France Inter e nos debates televisivos.

[10] Cf. "Présentation" da revista *Mots*, Le discours des sondages d'opinion, n. 23, juin. 1990. Este número, dedicado às pesquisas de opinião, retoma a velha ideia, que existe desde Descartes, de que a opinião não é o lugar da razão. Disponível em: <http://www.persee.fr/doc/mots_0243-6450_1990_num_23_1_1513>. Acessado em out. 2015.

[11] Sobre essa questão da ideologia, ver a discussão que propomos no livro *Le discours politique: Les masques du pouvoir*, Paris, Vuibert, 2005.

[12] Basta voltar às reportagens que foram realizadas quando das eleições de 2002, que mostraram cidadãos imbuídos de valores republicanos em suas declarações, e que, entretanto, votaram em Jean-Marie Le Pen, em nome de sua própria segurança. Do mesmo modo, pode-se pensar que todos os eleitores que votaram em Nicolas Sarkozy em 2007 não aderiam necessariamente a uma ideologia de direita, nem os que votaram em Jean-Marie Le Pen, a uma ideologia de extrema-direita.

[13] Foi esse o caso em 2002, da parte de alguns que votaram em Le Pen ou Besancenot para manifestar seu descontentamento para com Lionel Jospin, o que foi fatal a este último.

66 A conquista da opinião pública

[14] Se algumas pesquisas revelaram, durante a campanha, que Melenchon era considerada a melhor, foi em razão de seu desempenho na tribuna, e não por causa de seu programa de governo.

[15] Ver: "Ce qu'en disent les électeurs-récepteurs entre indifférence et expertise", em I. Veyrat-Masson (dir.), *Médias et élections. La campagne présidentielle de 2007 et sa réception*, Paris, L'Harmattan-Ina, 2011, pp. 2008-11.

[16] Evidentemente, há também os verdadeiros "convictos", os que podem dar sustentação às opções ideológicas do candidato.

[17] Corresponde à expressão francesa "Élections-piège-à-cons" de tendência anarquista

[18] Cf. o jornal *Libération* de 28 de março de 2012.

[19] Agricultores; artesãos, comerciantes e empresários; executivos, profissões intelectuais superiores; profissões intermediárias; empregados; operários; aposentados; e outros sem atividade profissional.

[20] Estatuto contratual, setor de atividade, dimensão da empresa, nível de qualificação etc.

[21] Dominique Goux e Éric Maurin, *Les nouvelles classes moyennes*, Paris, Seuil, 2012, La République des Idées.

[22] Pierre Bourdieu, *La distinction, critique sociale du jugement*, Paris, Minuit, 1979.

[23] J. Fiske, *Understanding Popular Culture*, London, Routledge, 1989, e *Reading the Popular*, London, Unwin Hyman Ltd, 1989.

[24] Hervé Le Bras e Emmanuel Todd, *L'Invention de la France: Atlas anthropologique et politique*, Paris, Gallimard, 2012, NRF Essais. [1. ed. 1981]

[25] Declaração de um partidário de Jacques Bompard, de extrema-direita, dissidente da FN, na feira, em Orange.

A manipulação da opinião pública

A manipulação é uma noção imprecisa que pode ser empregada em diversos sentidos. Em seu uso corrente, o termo *manipulação* tem sempre um sentido pejorativo. Para Platão, a retórica era uma arte da manipulação a ser condenada, o que o faz criticar os sofistas. Para outros, no entanto, é tida como positiva. Para Aristóteles, por exemplo, trata-se de uma técnica para dizer o bem, o justo e o verdadeiro. Para a pragmática de Wittgenstein e dos anglo-saxões, todo enunciado é portador de um sentido implícito que o interlocutor, ou o auditório, deve descobrir por inferência, e por isso ele é destinado a ter um efeito ilocutório – o que poderia ser uma marca de manipulação. Sabe-se também que, para um semiólogo como Greimas, todo "programa narrativo" é manipulador. Numa tal perspectiva, todo discurso de persuasão seria manipulador, logo, não discriminante. A manipulação não seria, então, um processo de influência, próprio das relações sociais, que poderia instruir-se tanto para o melhor (a defesa de uma causa nobre) quanto para o pior (enganar o outro)? Cabe perguntar se a manipulação deve ser tomada num sentido amplo (tudo é manipulação) ou num sentido mais particular, como uma variante específica de todo processo de persuasão.

Num sentido geral, a manipulação procederia da visada discursiva* de incitação a agir: quando se está numa situação em que há a necessidade do outro para realizar um projeto, e não se tem autoridade sobre este outro para obrigá-lo a agir de um determinado modo, empregam-se estratégias de persuasão ou de sedução que consistem em fazer com que o outro (indivíduo ou público) compartilhe de uma certa crença. Assim sendo, todo discurso que corresponda a uma visada de incitação seria manipulador. Entretanto, não há nada aí que seja repreensível, pois isso faz parte do jogo de regulação social. Tal definição não nos parece rentável para a análise, pois se deveria considerar todo discurso de influência como manipulador, com a conotação negativa habitualmente ligada a esse termo.

Num sentido particular, é possível considerar que, à incitação que procura fazer surgir uma opinião ou fazer com que o interlocutor mude de opinião acrescentam-se outras características. Uma é que o manipulador não revela sua intenção ou seu projeto, e o disfarça sob um discurso contrário ou sob um outro projeto apresentado como favorável ao manipulado. Outra característica é que o manipulador, para impressionar o manipulado, tira partido de uma posição de legitimidade

---

* N.T.: O conceito de "visada" corresponde, na teoria discursiva de Patrick Charaudeau, à finalidade pragmática que todo ato de linguagem pressupõe, ou seja, ao tipo de influência que o comunicante pretende exercer sobre o seu interlocutor. Pode ser apenas uma visada de informação, para "fazer-saber", mas a visada de incitação é para "fazer-agir".

que lhe é dada pela situação (podendo, às vezes, usurpá-la). Uma terceira consiste, para o manipulador, em construir para si uma imagem passível de paralisar a opinião do outro, seja pela ameaça, seja pela sedução. Enfim, a quarta característica, ligada à precedente, consiste em dramatizar seu discurso de maneira a inquietar o auditório, e mesmo a "aterrorizá-lo". Assim, o manipulado, deixando-se persuadir ou seduzir por essas estratégias de *falsas aparências*, entra no jogo de persuasão do manipulador sem se dar conta. A manipulação é acompanhada, pois, de uma *falsidade*, pelo fato de que há uma relação entre um influenciador-manipulador que esconde sua intenção e um influenciado-manipulado que a ignora.

O discurso manipulador recorre a argumentos de ordem moral ou afetiva (medo/compaixão) e é acompanhado, muitas vezes, de uma sanção potencial, positiva (promessa de um benefício, de um amanhã melhor) ou negativa (ameaça de uma desgraça), impedindo uma reflexão por parte do manipulado. Não é necessariamente o caso de todo discurso de persuasão, que pode ter como finalidade permitir a deliberação pela força dos argumentos. A opinião pública, sendo um objeto inacessível, como se acaba de descrever, sendo reivindicada, na maioria das vezes, pela palavra política, pelas pesquisas e pelas mídias, alimenta-se sem saber de todos os discursos que circulam no espaço social, e particularmente daqueles dos atores políticos. Estes sabem bem disso, e usam de todas as estratégias possíveis para persuadir e seduzir seus públicos. Mas as mídias não ficam atrás, pois, mesmo que não o façam voluntariamente, contribuem para esse jogo manipulador.

A manipulação no mundo político

A palavra política aparece e circula num espaço público e está submetida às suas restrições. Nesse espaço, as trocas não se dão entre indivíduos, mas entre entidades ou instâncias coletivas que se definem por meio de estatutos e de papéis sociais. No espaço político, em particular, há uma instância política e uma instância cidadã, entre as quais se instauram relações complexas e interesses particulares, de modo que entre elas intervêm em duas outras instâncias: a instância adversária e a instância de mediação.

A instância política é portadora de um projeto de sociedade ideal e deve compartilhá-lo com a instância cidadã, o vasto público que é movido por opiniões, interesses e sentimentos diversos e opostos. Além disso, estando em posição de rivalidade com um adversário que procura defender seu próprio projeto de sociedade para o mesmo tipo de público, situa-se numa relação triangular (instância política, instância adversa, instância cidadã) que a obriga a usar de estratégias. Além disso, ela pode se encontrar em uma das duas situações de comunicação, que são a situação de candidatura, quando se trata de chegar ao poder, e a situação de governança, quando se trata de administrar. Ou seja: uma situação de conquista do poder e uma situação de exercício do poder. Na primeira, o político, homem ou mulher, deve defender e promover um projeto de sociedade ideal, propor os meios de realizá-lo e convencer os eleitores de que se compromete a levá-lo até o fim. Seu discurso é essencialmente de *promessa*, segundo uma dupla lógica simbólica (defesa de determinados valores) e pragmática (proposta de meios para realizar seu projeto de sociedade), visto que ainda não está no poder. Na segunda situação, que é de governança, o político deve decidir se intervém ou não num conflito, orientar a política econômica em tal ou qual direção, sancionar leis. Daí a necessidade para o político de produzir explicações de maneira a lembrar a razão de ser da decisão: seu discurso é essencialmente de *justificativa*.

A essas duas situações de base deve-se acrescentar outros parâmetros que influem na posição do político, em sua legitimidade e sua maneira de falar. O parâmetro do *território*, isto é, do campo de ação no qual se exerce sua soberania: pode ser o de um município, de um departamento, de uma região, ou de uma circunscrição. Assim sendo, as posições e as relações entre os diferentes atores políticos se complexificam: os eleitos locais podem contestar a legitimidade dos eleitos nacionais sobre as questões locais; os eleitos nacionais, por sua vez, podem ser levados a contestar a legitimidade de instâncias supranacionais (como é o caso na Europa desde a criação da União Europeia) em nome da soberania dos Estados-nações. Os eleitos de cada um desses lugares de soberania podem utilizar ora um discurso pela soberania, ao pôr em causa a legitimidade dos locais supranacionais, ora um discurso de união ou federativo, defendendo a legitimidade de um poder supranacional. O dispositivo de circulação da palavra política é complexo, e deve-se levá-lo em conta para compreender o que está em jogo em cada nível da vida política.

A MANIPULAÇÃO PELO DISCURSO DE SEDUÇÃO

Falar é, ao mesmo tempo, falar ao outro, falar de si e falar do mundo. Mais exatamente, é falar de si através do outro, ao falar do mundo. Não há, pois, ato de linguagem que não passe pela construção de uma imagem de si. Desde o instante em que se fala, aparece, transparece, emerge de si, uma parte do que se é através do que se diz. Isso pode ser calculado, mas pode acontecer sem nosso conhecimento, e mesmo apesar de nós. Não se trata aqui de nosso posicionamento ideológico, do conteúdo de nosso pensamento, de nossas opiniões, mas do que sobressai de nosso comportamento, da relação que temos com os outros e conosco mesmos, e que oferecemos à percepção do outro, todas as coisas que remetem à subjetividade do sujeito falante, às suas características psicológicas, ao seu corpo como expressão de um ser interior. É claro que as ideias que saem desse corpo não são estranhas a ele, elas contribuem para modelar sua imagem. A esse fenômeno, a tradição retórica chama de *ethos*, que, face ao *logos* e ao *pathos*, é o que permite ao orador parecer "digno de fé", credível e amável, demonstrando ponderação (*phronesis*), simplicidade sincera (*arrêté*) e amabilidade (*eunoia*). O *ethos* não corresponde ao estado psicológico real do orador ou do auditório, mas "àquilo que o público crê que os outros têm na cabeça".[1] Trata-se de cruzamento de olhares: olhar do outro sobre aquele que fala, olhar daquele que fala sobre a maneira pela qual pensa que o outro o vê. O *ethos* resulta de uma sábia alquimia entre o que está no fundo do ser, seu comportamento, sua linguagem e o olhar dos outros que depende das circunstâncias nas quais percebem o orador. O *ethos* está sempre em movimento e em construção.[2]

A credibilidade, uma aposta da razão

Toda pessoa que quer ser reconhecida como credível deve tentar responder à pergunta: como fazer para ser credível, de tal modo que os outros sejam levados a julgar o outro *digno de crédito*? E para isso, a pessoa deve fabricar, de si mesma, uma imagem que corresponda a essa qualidade. De maneira geral, uma pessoa pode ser julgada credível se for possível verificar que o que ela diz atende a certas condições: condição de *sinceridade* (o que ela diz corresponde sempre ao que ela pensa); condição de *saber* (ela sabe e pensa com razão); condição de *desempenho* (ela tem os meios de aplicar o que anuncia ou promete). Inversamente, revelar-se como mentiroso, incapaz de honrar suas promessas ou obter os objetivos almejados, só faz desacreditar o sujeito. Ou seja, a credibilidade depende, ao mesmo tempo, de uma *maneira de ser*, no que tange ao "dizer a verdade", de um *saber*, para demonstrar "razão", e de um *saber fazer*, para demonstrar "competência"[3] e experiência, sendo esses os componentes da base sobre a qual se constrói a autoridade da pessoa. Aí está uma parte de seu *ethos*.

No domínio político, legitimidade e credibilidade estão intimamente ligadas. Com certeza a legitimidade parece adquirida quando o ator político já foi reconhecido como candidato a uma eleição, ou como eleito. Mas é necessário que ele preserve essa legitimidade, e isso passa pelo cultivo de um forte potencial de credibilidade. Essa é fundamental, pois o que está em jogo consiste em tentar persuadir o povo que ele representa de que é capaz de exercer o poder. A legitimidade não é suficiente para quem quer

74 A conquista da opinião pública

exercer um poder. Dizer que foi eleito legitimamente não quer dizer que seja credível. Pode-se ser legitimado e perder crédito, e, inversamente, um líder pode ter crédito sem que nenhum sistema organizacional o legitime. O representante político está, pois, condenado a reativar permanentemente sua credibilidade. Desse ponto de vista, Lionel Jospin, ex-primeiro-ministro francês, teve sua credibilidade atingida quando declarou, em 2002, em presença dos grevistas da empresa LU, que o Estado não podia fazer tudo nem resolver os problemas de todas as empresas. Ele perdeu em credibilidade ao reconhecer que não tinha os meios de agir, o que permitiu a Jean-Marie Le Pen, seu adversário de extrema-direita, denunciar essa impotência.

Em situação de eleição pelo sufrágio universal, o candidato é colocado numa tripla posição: ele deve apresentar um projeto de sociedade ideal, defendendo determinados valores; deve provar que tem meios de realizar tal projeto; deve se mostrar melhor que seus adversários. Como o toureiro na arena, deve, ao mesmo tempo, combater o adversário e seduzir o público. A tarefa não é fácil, pois, se na arena o público está mais ou menos seduzido pelo combatente em "traje de luzes",[*] o eleitorado, público de uma campanha eleitoral, está dividido. O candidato deve jogar com estratégias discursivas para tornar-se credível e atrair o maior número de eleitores. Desse modo, os candidatos usam de estratégias de persuasão e de sedução para dotarem-se de imagens de "caráter", de "potência", de "humanidade", de "inteligência", resumindo, de "chefe",[4] segundo sua personalidade.

---

[*] N.T.: Trata-se da indumentária usada pelos toureiros durante as touradas.

Não é por isso que a legitimidade está completamente ausente. Ela pode ser um fator de credibilidade. Alguns candidatos podem já estar marcados por um passado político de que procuram tirar proveito. Às vezes, legitimidade institucional e legitimidade de experiência se misturam cada vez que um presidente ou chefe de Estado se reapresenta aos eleitores para um novo mandato. De outras vezes, é uma circunstância histórica que faz com que o candidato possa se prevalecer da aura do herói (De Gaulle). Ou então, sem nem mesmo precisar dizê-lo, seu nome o inscreve numa filiação parental de antigos presidentes (os Kennedy, os Bush), trazendo então uma legitimidade por filiação. Em outros momentos, os candidatos procuram legitimar-se prevalecendo-se de sua reputação de especialista em política ou em economia como foi o caso, na França, de Valérie Giscard d'Estaing nas eleições de 1974, e de Raymond Barre nas de 1988.[5] Essa legitimidade, no entanto, nunca é adquirida de maneira definitiva e pode ser questionada de uma eleição para outra, e em todo caso precisa ser reforçada por um alto grau de credibilidade. Sem isso, se o político perder credibilidade, perde sua legitimidade.

O carisma, uma voz do além

O carisma é também uma questão de *ethos*, mas levado ao extremo, um *ethos*, pode-se dizer, excessivo, que não fundamenta uma legitimidade. É um *plus* que vem se sobrepor à legitimidade, visto que se pode ter uma legitimidade institucional sem ter carisma. É um *plus* que funciona no campo da credibilidade e da captação do público, sua realização. A palavra vem do grego cristão *kharis* > *kharisma*, que significa "dom, favor, graça de origem divina". Foi introduzida na teologia católica por São Paulo. Depois, foi empregada em Sociologia Política, com o sentido de "autoridade, fascinação irresistível exercida por um homem sobre um grupo humano".[6] Veem-se aí duas das noções essenciais que caracterizam o carisma: a *de inspiração proveniente de uma fonte invisível* e a de *atração*. Mas falta uma dimensão, aquela que faz a ponte entre fonte invisível e atração, a saber, a presença de uma pessoa, ou seja, de um *corpo*. São as três condições para que exista o carisma.

Primeiramente, a *fonte*. No início, o carisma remete a algo inefável, impalpável, que se encontra num "além", um além de ordem divina: "Todo carisma pretende possuir um ingrediente qualquer de origem mágica, o que quer dizer que é aparentado aos poderes religiosos e que nele há sempre uma graça divina."[7] Nisso ele se une à legitimidade transcendental, mas através do sujeito. Entretanto, essa transcendência não é necessariamente de ordem divina. É verdade que o carisma se liga a personalidades excepcionais que, de algum modo iniciadas, tomam muitas vezes a figura de "profetas", apresentando-se como salvadores, vindos de algum lugar para trazer a salvação à Terra. Por isso, pode-se dizer que há algo de sagrado que impregna o carisma. Mas essa transcendência secularizou-se ao longo da história, podendo o além ser um lugar de onde surge uma potência particular, fora do comum para os mortais, que não é nem definível, nem alcançável, sempre oculta mas onipresente. E veem-se aí tanto forças do bem (uma espécie de pureza de Cristo) quanto forças do mal (a potência obscura do diabo). De todo modo, há no carisma algo de misterioso, de "mágico", que provém de uma fonte invisível.

Em seguida, o *corpo*, pois a transcendência não é suficiente. É preciso que essa transcendência seja captada por uma pessoa que possa fazer a passagem entre as forças que emanam da transcendência e os seres humanos. É preciso, para que haja carisma, ter determinadas condições de personalidade, pois não é carismático quem quer. O líder carismático deve ser digno de representar essas forças do além para anunciar a mensagem que ele quer propagar sobre a Terra. Seu próprio corpo deve se mostrar portador dessas forças benéficas ou maléficas que o inspiram fora de toda contingência humana. O líder deve ser alguém fora do comum dos mortais, mesmo que compartilhe a corporeidade (o Cristo). Se ele é investido de uma graça (divina ou pagã), é preciso que sua personalidade a irradie para que se exerça uma fascinação. Se ele for possuído pelas forças do mal, deve mostrar toda a sua potência por uma monstruosidade qualquer. O carisma vem do corpo por um processo de *encarnação* de uma energia, de uma densidade, de uma inspiração que o habita, e de onde irradia algo de indefinível que atrai, que hipnotiza. O carisma é "presencial", excede o cotidiano do humano com sua parte de sombra e de luz. O que leva Max Weber a dizer:

> Chamaremos de *carisma* a qualidade extraordinária (em sua origem, determinada de maneira mágica tanto nos profetas e sábios, terapeutas e juristas, quanto nos chefes dos povos caçadores e nos heróis guerreiros) de um personagem, que é, por assim dizer, dotado de forças ou de características so-

brenaturais ou sobre-humanas ou, pelo menos, fora da vida cotidiana, inacessíveis ao comum dos mortais; ou ainda que é considerado enviado por Deus ou um exemplo, e por conseguinte considerado um "chefe".[8]

A *atração*, enfim. O carisma é uma questão de troca, de interação entre imagens e olhares que entram em ressonância ou ecoam entre uns aos outros. É preciso que a pessoa carismática se apresente como um *espelho-mediador* desse além, de maneira que o público seja atraído por um movimento de identificação, mas, ao mesmo tempo, saiba que por trás do espelho há um ideal (uma pureza, um absoluto, um mal) inatingível. É uma espécie de desejo "inessencial" que mobiliza o público sem que este o saiba, desejo de um objeto que se apaga, foge e se recompõe depois, quando se acredita tê-lo capturado. Assim, é preciso que o público esteja numa situação de expectativa, que, sofredor, vítima, decaído ou infeliz, tenha como horizonte um objeto de desejo, ou de busca, que não sabe o que é, na esperança de que apareça um homem providencial. O carismático, assim, faz eco a uma necessidade de identificação por parte de uma opinião ou de uma comunidade que vivencia uma crise de identidade e sofre de decadência social. Ele é o suporte de identificação suscetível de fazer chegar a um ideal, e deve ser sentido como tal por aqueles que sofrem ou são alienados.

Na política, o carisma não é exatamente o mesmo dos mundos religioso e artístico. No religioso, o carisma repousa num dom sagrado e constitui um messianismo, com seus porta-vozes que são os profetas – a menos que a potência divina, se fazendo homem, venha em pessoa salvar os homens. Os textos sagrados trazem narrativas épicas e hagiográficas que permitem ao imaginário humano seguir esses "mensageiros". No artístico, não se trata mais de messianismo sagrado, mas da expressão de um mundo interior que estaria envolvido com todos os desejos contraditórios do público, com suas partes de sombra e de luz. Michael Jackson é um exemplo emblemático mergulhando até nos subterrâneos dos mortos, dos fantasmas, dos mutantes e de todas as forças obscuras que têm relações com o diabo.[9] O carisma artístico necessita, principalmente, de certa dose de histeria: uma necessidade de *extroversão* que não deixa de procurar o outro, de se alimentar do outro, de viver através do outro, o que o faz abandonar suas inibições e explodir seu corpo. O artista carismático se "atira" ao amor do público e este lhe corresponde, para satisfazer um certo "ideal do eu".[10] Observando cantores no palco, pode-se medir sua cota de carisma por sua performance cênica. Evidentemente, isso não garante valor artístico, mas pode somar-se a ele.

Quanto ao carisma político, é de outra natureza: de um lado, o poder, um lugar indeterminado mas com força de dominação; do outro, um povo, entidade global de contornos vagos e suposto lugar de contrapoder. Do lado do poder, os atores, que num regime democrático tiram sua legitimidade da soberania popular, acham-se comprometidos numa busca de captação do público. O discurso político é, constitutivamente, um discurso de persuasão e de sedução, e o ator político deve navegar entre um discurso de forte teor simbólico portador dos valores de uma idealidade de "bem viver juntos" e um discurso de firmeza pragmática propondo os meios de realizar esse sonho. Essa dupla caracte-

80 A conquista da opinião pública

rística do discurso faz com que, em política, o carisma possa tomar diferentes figuras segundo as pessoas e as circunstâncias.

Diferentes figuras de carisma

O carisma *messiânico*. Ele que se une ao carisma religioso, mas na singularidade da pessoa que seria portadora de uma potência divina, dotada de uma espécie de "dom da *graça*" que cabe a ela, e do qual fala Max Weber. Esse dom não é necessariamente de ordem divina. Pode ser uma força interior cuja proveniência é ignorada. O ator político dá a impressão de que é *habitado* por uma voz que se acha em seu foro interior, mas que viria de um lugar desconhecido impondo-se como uma evidência, e que deve transmitir uma mensagem. O ator político se acha investido de alguma coisa que é da ordem da inspiração, da vocação, do dever kantiano ("Faça o que deve"), correndo o risco da transgressão de uma ordem estabelecida e da oposição a seus guardiões, pronto para expulsá-los, como fez o Cristo com os mercadores do templo. Ele será taxado de rebelde, marginal, contestador, e mesmo de louco. Alguns reivindicaram para si um destino de salvador do país, como De Gaulle com seu apelo do 18 de junho e seus discursos inflamados sobre a grandeza da França. Tratava-se do Grande Charles,[*] imerso desde a infância na grandiosidade, entre nobreza familiar, formação na elite do exército e tendo recebido a missão de salvar a França. Esse corpo imenso em posição de deus do Olimpo, no Eliseu, assumindo o estatuto de

---

[*] N. T.: Expressão usada para designar Charles de Gaulle.

"Comandante" em Colombey-les-deux-Églises, tendo escapado de vários atentados, envolto por uma "bênção" que por algum tempo lhe deu uma ilusão de imortalidade.[11] Outros exploram as raízes fundadoras da história de um povo para apelar para a revolta, como fez Hugo Chávez em seus discursos, ao se referir a Bolívar e à "árvore das três raízes", ou, em menor proporção, Jean-Marie Le Pen referindo-se a Vercingetorix e Joana d'Arc para exaltar uma especificidade francesa. São conservadores da tradição e dos valores do passado.

Esse carisma messiânico não é apenas o apanágio dos homens na política. As mulheres igualmente podem ser bem dotadas: ora *musas* de diversos movimentos populares (Joana d'Arc, La Pasionaria[*]), ora *alma mater*[**] ao mesmo tempo compassiva, empática, genitora, podendo dar esperança às multidões (Eva Perón). Aconteceu algo desse teor com Ségolène Royal, quando participou da campanha presidencial francesa de 2007. Diante de seu adversário Nicolas Sarkozy, por ocasião do debate televisivo que ocorreu entre os dois turnos da eleição, ela assumiu uma imagem feminina de proteção e de escuta fecundante, apresentando-se como uma mulher portadora de um novo projeto em gestação, com o fôlego de quem se sente tomada por uma vocação, uma missão, expressando-se num tom de "cólera sadia", quase uma "cólera santa". Uma imagem (buscada ou natural) de *Madona*, toda vestida de branco, inclinando-se para os pobres e

---

[*] N. T.: Trata-se de um epíteto atribuído pela primeira vez a Dolores Ibarruri, líder do partido comunista durante a Guerra Civil Espanhola, por sua coragem e determinação.

[**] N. T.: Em outros contextos, "*alma mater*" é sinônimo de "universidade", mas nesse trecho mantém o sentido original de "mãe que alimenta".

deserdados, próxima das pessoas na multidão, exibindo o sorriso de quem se sente guiada por uma voz interior, e assimilando-se à França, fazendo corpo com ela em seu *slogan*: "A França presidenta", espécie de princesa do povo à moda de Cleópatra, mas de quem não tinha nem a grandeza, nem a nobreza.

O carisma *cesarista* – fórmula feliz utilizada pelo psicos-sociólogo Alexandre Dorna[12] – corresponde a um *ethos* de "potência". Potência do indivíduo detentor de uma energia fora do comum, que lhe vem das profundezas de seu ser: ele é, como se diz, "uma força da natureza". Esse *ethos* de potência pode expressar-se através de diferentes figuras: figura de *virilidade*, para os homens, que pode expressar-se por aventuras sexuais (J. F. Kennedy; Silvio Berlusconi, ex-presidente do Conselho dos ministros italiano; Dominique Strauss-Kahn, ex-diretor do FMI), ações físicas violentas (os socos de Jean-Marie Le Pen) ou violências verbais (insultos); figura de *energia* que se manifesta por uma hiperatividade: estar onipresente, em todas as frentes, de maneira organizada, quase militar, ou então esportiva (os *jogging* dos chefes de Estado), ser capaz de fazer um esforço de longa distância durante as campanhas eleitorais ou durante discursos que levam várias horas (Fidel Castro), esperando suscitar, assim, a admiração do público, para que este seja levado a exclamar: "Que saúde!" Tudo isso como se fosse para mostrar que o corpo está engajado e que, ao expressar-se desse modo, é uma prova das forças do espírito, logo, prova de verdade. Mas existe uma outra figura menos física desse *ethos* de potência, a da *coragem*. Poder demonstrar ardor em sua fala: não ter medo de falar, arriscando ser alvo de críticas, colocar-se contra tudo e todos, enfrentar a adversidade, ter o coração forte, no sentido do século XVII na peça *Le Cid*, de Corneille, fazer subir do fundo de si o *thumos* (a ira) de que falavam os gregos da Antiguidade, e como se expressou Juan Perón:

> Não estou entre os homens que desanimam, apesar da legião de bem-intencionados e de mal-intencionados que atacam permanentemente meu espírito e meu sistema nervoso. Não estou entre os homens que desanimam, desfilando, como fazem outros, entre uma legião de aduladores e uma legião de alcaguetes. Se isso pudesse desanimar-me, se diante disso pudesse, algum dia, chegar a perder a fé inquebrantável que tenho em meu povo, eu já não seria mais Juan Perón.*

O carisma cesarista também tem sua parte de sombra. Pode ir além da energia e manifestar-se em palavras e atos de dominação mais ou menos violentos, ou mesmo cruéis, revelando um desejo de potência absoluta. Produzem-se, então, *chefes dominadores* que manifestam um autoritarismo brutal, com comportamentos paranoicos e perversos (Hitler, Stalin). Esses chefes impõem um modelo único de viver em sociedade, abolem as diferenças identitárias, jogam com as paixões denunciando os inimigos e designando bodes expiatórios, governam pelo terror

---

* N. T.: Tradução nossa de: "Yo no soy de los hombres que se desalientan, a pesar de la legión de bienintencionados y de malintencionados que golpean permanentemente sobre mi espíritu y mi sistema nervioso. Yo no soy de los hombres que se desalientan desfilando, como lo hacen entre una legión de aduladores y una legión de alcahuetes. Si eso pudiera desalentarme, si mediante eso puediera algún día llegar a perder la fe inquebrantable que tengo en mi pueblo, habría dejado de ser Juan Perón." Discurso disponível em: <http://www.elhistoriador.com.ar/documentos/ascenso_y_auge_del_peronismo/discurso_15_de_abril_53_peron.php>. Acessado em out. 2015.

84 A conquista da opinião pública

até mergulhar o povo numa submissão consentida, e acabam por instaurar um regime totalitário que pode provocar um genocídio. Mas tem também sua parte de luz, pois produz igualmente *chefes revolucionários*. Estes participam do *ethos* de potência, com armas na mão, mas se apresentam como representantes do povo oprimido, se submetem à disciplina de um soldado, e principalmente usam sua energia para arrastar os povos atrás deles. São, pois, *condutores de homens* que se apresentam como combatentes que jamais perdem a coragem e sabem falar às multidões para galvanizá-las: eles devem produzir junto a elas fascinação e imantação. Fidel Castro do tempo da Revolução Cubana e Che Guevara são exemplos emblemáticos. Em todos esses casos, trata-se do *fora do comum*. As mulheres não ficam atrás. Joana d'Arc, Alienor de Aquitânia, Dolores Ibarruri e outras *Pasionarias* da história, além de serem movidas por um carisma messiânico, foram mulheres guerreiras, combatentes, condutoras de homens, dotadas de uma energia fora do comum.

Há também um carisma *enigmático*, aquele que vem do mistério de uma personalidade e provoca um embaraço sedutor. O mistério vem do fato de que se percebe na pessoa uma mistura de sombra e de luz que não se pode separar, e é essa mistura que fascina. É claro que é necessário que a pessoa tenha certas qualidades de inteligência, cultura e flexibilidade na relação com o outro, de saber dar a impressão de que pensa no outro antes de pensar em si; mas fica uma interrogação sobre a autenticidade dessa atenção à alteridade. É o contrário da brutalidade *cesarista*. Tivemos na França um bom exemplo desse carisma enigmático na pessoa de François Mitterrand.

Mitterrand era chamado de Esfinge por seu lado impenetrável, pois não revelava seus pensamentos nem suas razões profundas, sabendo separar o público do privado e guardava seus segredos até a oportunidade de seu anúncio (a existência de uma filha desconhecida, Mazarine Pingeot). Mitterrand, o dissimulado, o esperto, tornando suas intenções inacessíveis por trás de um olhar indagador, acompanhado por vezes de um sorriso indecifrável. Mitterrand, *il fiorentino*, escritor culto, de pena elegante e mordaz. Mitterrand, o senhor dos símbolos, que começou com a cerimônia de investidura no Panteão, depois com a abolição da pena de morte, e com o discurso de Cancún:

> Saúdo os humilhados, os emigrados, os exilados em sua própria terra, que querem viver e viver livres. Saúdo aquelas e aqueles que são amordaçados, perseguidos ou torturados, que querem viver e viver livres. Saúdo os sequestrados, os desaparecidos e os assassinados que queriam somente viver e viver livres [...].*

Mitterrand e o célebre aperto de mão no chanceler Helmut Kohl, quando da comemoração da Batalha de Verdun. Mitterrand com a aparência de um monarca em seu castelo, sabendo guardar suas distâncias nas relações mais familiares.[13] Mas também o Mitterrand de passado vichysta, condecorado por Pétain com a Francisca,** o Mitterrand das amizades duvidosas (com René Bousquet, colaborador do regime de Vichy). Para-

---

* N.T.: Discurso disponível em: <http://discours.vie-publique.fr/texte/817144500.html>. Acessado em out. 2015.

** N.T.: "Francisque", em francês, é uma condecoração criada pelo marechal Pétain e inspirada no machado de lâmina dupla utilizado pelos francos.

86 A conquista da opinião pública

doxalmente, é essa parte de sombra negativa que contribui para a construção de seu carisma enigmático, o mal sendo sempre uma interrogação que fascina.

Há, enfim, o carisma do *sábio* que está acima das contingências politiqueiras. O verdadeiro sábio está fora do campo do poder. Seu horizonte é o do ideal da vida em comum e se situa acima das contradições humanas. Está imbuído de compaixão humana sem emoção, pois é com toda inteligência e ética que pensa no povo. Ele sente empatia pelo povo, procura salvá-lo, não por razões eleitorais como os líderes populistas, mas porque é essa sua razão de ser. Era o caso do Senado romano, a assembleia de sábios que não tinham nenhum poder, mas cujas sentenças e recomendações faziam efeito. Há algo de oráculo no sábio, que o aproxima do carisma transcendental. Evidentemente, é difícil encontrar esse tipo de carisma na política, lugar de luta pelo poder. Mas pode-se distinguir algumas encarnações desse carisma nas pessoas de Gandhi e do Dalai-Lama, e também, mesmo que a pessoa não seja totalmente sábia, traços dessa sabedoria nas diferentes posturas de monarca, de pai protetor, de guia ou de pastor, que serão assumidos pelo responsável político quando ocorrerem acontecimentos excepcionais. Na Espanha, aconteceu com o rei Juan Carlos e a tentativa de golpe de Estado pelo tenente-coronel Antonio Tejero.[14] Na França: com De Gaulle e a descolonização da Argélia ("Eu vos compreendi"*); com Georges Pompidou, o campônio, filho de professores e neto de famílias de camponeses muito modestos do Cantal, ao citar Paul Éluard numa entrevista

---

* N.T.: Trecho do discurso de De Gaulle, feito em Argel, em 4 de junho de 1958.

coletiva,[15] quando lhe perguntaram o que pensava do suicídio de Gabrielle Russier, professora de Letras, condenada por abuso sexual de menor: "Compreenda quem quiser/ para mim, meu remorso foi/ a vítima razoável/ com olhar de criança perdida/ ela que se parece com os mortos/ que morreram por serem amados."

Muitas dessas figuras carismáticas podem acumular-se ou alternar-se num mesmo político: De Gaulle acumula as figuras de profeta e de chefe prometendo a libertação de seu país aos franceses; Hugo Chávez, as de profeta e de cesarista; Mandela e Martin Luther King, alternadamente, de profeta, de chefe, mas também de sábio; Joana d'Arc e a Pasionaria espanhola, de profetisa e de chefe guerreira. Mas também, um mesmo personagem político pode perder seu carisma, em razão de diversas circunstâncias: usura do poder, mudança de época, fracasso de uma política: De Gaulle, após os acontecimentos de Maio de 1968, Juan Perón, após seu retorno ao poder, Nicolas Sarkozy, ao final de seu mandato presidencial, por ter expressado seu desprezo pelas instituições e por algumas categorias de franceses. Enfim, o carisma não é um dado necessário à boa governança de um país. Pode-se governar um país sem demonstrar um carisma particular, como se vê em diversos países, como é o caso na França com François Hollande, e como é o caso no Brasil, onde a comparação Lula-Dilma Roussef é um exemplo notável, como destaca este jornalista:

> Lula-Dilma, Dilma-Lula, entre esses dois [...], há o estilo. Como se esperava, o contraste é total. Orador fora do comum, improvisador brilhante, Lula esbanja carisma. Oradora sem fantasia, Dilma não tem – e jamais terá – sua verve e sua astúcia.[16]

88 A conquista da opinião pública

E o que dizer de José Mujica, chamado "Pepe", o presidente do Uruguai, considerado um herói e uma figura de homem santo, dando ao mundo político do planeta um exemplo de simplicidade, mas que era menos popular em seu próprio país do que no resto do mundo. O que dizer, então, de Barack Obama, figura carismática durante seu primeiro mandato e no início do segundo, e que, pelo que se viu nas eleições para o Senado no meio do mandato, parece ter perdido a aura que emanava de sua pessoa.

A MANIPULAÇÃO PELO DISCURSO DE DRAMATIZAÇÃO

A palavra política não tem nada a ver com a verdade absoluta. O que lhe interessa é o movimento das opiniões, repertoriá-las, ver seus pertencimentos de maneira a recuperar algumas, rejeitar outras, criticando-as a fim de impor as suas. Locutor e auditório se acham unidos por uma relação de solidariedade recíproca, em nome das opiniões e dos valores que circulam entre eles. Trata-se, para todo orador político, de utilizar estratégias de "captação", interpelando o auditório para fazê-lo existir, para tomá-lo como testemunha e implicá-lo numa ação por vir. Quer se trate de apelo para votar em eleições ou num referendo, para manifestar a favor ou contra uma política, ou para prestar uma ajuda humanitária a desamparados, é preciso antes de mais nada interpelar o outro, o cidadão. Interpelando o outro, o orador implica a si mesmo ao apresentar-se como o primeiro interessado, em nome de valores de solidariedade social que se consideram compartilhados por todo mundo. Com isso, vê-se que a palavra política não é, de modo algum, uma injunção, mas uma sutil sugestão para fazer, para pensar, e, mais cinicamente, para se deixar pensar, dramatizando seu discurso e apelando para os sentimentos.

O apelo aos sentimentos

No espaço do debate político, como o que está em jogo é uma questão de persuasão e de sedução, não é de espantar que se apele para os sentimentos e que se procure tocar a sensibilidade do auditório. A força dos argumentos empregados depende mais de sua carga emocional do que de seu rigor lógico. E isso não é de hoje. Há muito tempo, os filósofos constataram e até mesmo celebraram o recurso às paixões: Spinoza via aí "as causas e os fundamentos" da sociedade política, de suas instituições e de seu desregramento, e Voltaire decretava que "as paixões são as rodas que fazem mover todas as máquinas" (ele pensava na máquina humana). O recurso às paixões faz parte do que vários pensadores da política (Tocqueville, Max Weber, Michel Foucault e Gilles Deleuze) chamaram de "subjetivação" do político, uma subjetivação que obriga a levar em conta o afeto que acompanha a experiência dos homens e que se mistura à racionalização das representações sociais. Nesse ambiente, misturam-se espaço privado e espaço público, religião e política, sexo e poder.

Um ato de fala, qualquer que seja, é suscetível de produzir um efeito emocional combinando três fatores: (1) a natureza mais ou menos dramática do assunto de que se fala (vida, morte, acidente, catástrofe, massacre, amor, paixão etc.); (2)

90 A conquista da opinião pública

a maneira pela qual a palavra é posta em cena, que pode ser trágica, dramática, humorística ou violenta; (3) a circunstância na qual o público recebe o discurso, que faz com que este seja recebido positiva ou negativamente, fria ou calorosamente. É o que mostra o *slogan* "Reduzir a fratura social" utilizado por Jacques Chirac, candidato à presidência da República, no debate televisivo com Lionel Jospin em 1995. Esse *slogan* faz alusão às dificuldades daqueles que vivem de maneira precária e apela para valores éticos de igualdade e de solidariedade geralmente evocados pelos partidos de esquerda; é posto em cena de maneira dramatizante por ocasião de um debate; é utilizado como argumento com forte carga emocional; constrói, nessa circunstância de debate televisivo, uma imagem de líder político consciente da miséria humana, decidido a combatê-la num movimento de generosidade. É, pois, da encenação dos dramas da vida social que os atores políticos se ocupam.

A encenação do drama político

A cena política já foi comparada a um palco de teatro no qual se representam dramas e mesmo tragédias. Realmente, pode-se ver que a ação política se desenrola segundo as três fases clássicas do drama: a) uma situação de crise que se caracteriza, aqui, pela existência de *uma desordem social* de que os cidadãos (ou uma parte da coletividade) são as vítimas; b) uma *fonte do mal*, razão de ser da desordem, que pode encarnar-se numa pessoa, que deve ser achada e denunciada; c) uma possível *solução salvadora*, que pode encarnar-se na figura de um salvador que proporá reparar a situação de desordem. Trata-se, então, do velho esquema cristão da Redenção, que tem suas raízes em mitos sacrificiais muito antigos (o bode expiatório) e que, no domínio político, se desenvolve segundo o mesmo roteiro.

Primeiro tempo, *descrever a desordem social:* falando da desigualdade social (disparidade entre os ricos e os pobres, empobrecimento geral da nação); destacando a perda das referências sociais do civismo e a decadência moral ("[A juventude da França] conhece hoje os frutos amargos da decadência econômica, social, política e moral, os flagelos do desemprego, o individualismo radical que leva ao isolamento e ao desespero");[17] descrevendo o estado das vítimas (os "sem classe", os "sem qualificação", os "pequenos", os desempregados, os precários, as vítimas da insegurança etc.). A descrição dessa desordem social é destinada a produzir no público efeitos de *compaixão*, de *indignação* ou de *angústia*. Um efeito de compaixão para com as vítimas, mas sob a condição de que aquele que descreve sua sorte pareça sincero, de que a emoção seja contida para evitar que aquele ou aquela que a expresse seja considerado um comediante, que aquele que faz tal declaração dê provas de sua implicação numa ajuda concreta.

O efeito de indignação é próximo ao de compaixão, mas está mais voltado para a questão moral da situação em que as vítimas se encontram. Trata-se aqui de denunciar um estado de "infelicidade não merecida" (Aristóteles), ou mesmo denunciar um estado de felicidade sem mérito, algo como uma usurpação do direito à felicidade: "Não é concebível que certas empresas enriqueçam às custas de seus assalariados".

A indignação desperta um movimento de protesto contra uma situação de injustiça, o que explica que ela possa isentar da ação aquele que a expressa, como se indignar-se fosse suficiente para desobrigar seu enunciador da passagem ao ato: "É escandaloso que, em nossa época de superabundância, haja tanta exclusão". Com a indignação, o homem ou a mulher na política se sentirá mais à vontade do que na compaixão, pois há menos riscos de passar por demagogo, mesmo que sempre se coloque o problema de sua sinceridade.

O efeito de angústia, neste caso, é devido à evocação de uma ameaça que nasce de uma situação de perigo potencial, pondo aquele que a escuta numa posição de vítima possível dessa ameaça. Evidentemente, esse estado de angústia varia segundo a iminência do perigo, mas, em si, está ligado à incerteza de um acontecimento por vir, que pode provocar paralisia. Isso se faz recorrendo a narrações dramatizantes para provocar temor e medo, como o "Wanted Bin Laden" e "o Eixo do Mal" de G. W. Bush, após o 11 de Setembro. Essas diferentes estratégias são acompanhadas de procedimentos formais de simplificação e de repetição: simplificação através do emprego de fórmulas, de imagens, de *slogans* que têm por efeito "essencializar" os julgamentos, transformá-los em estereótipos e torná-los suporte de identificação ou de apropriação; sendo que a repetição dessas fórmulas e *slogans* vai da inoculação difusa à exaustão, com o auxílio de diversos meios (panfletos, boca a boca, cartazes), e de outros mais amplos, outrora pelo cinema, hoje pelas mídias (emissões repetidas nas rádios e nos telejornais).

Segundo tempo da dramatização política: *descrever as causas da desordem social*. Estigmatizando as formas de representação política e midiática: a classe política, as elites frias e calculistas, o *"establishment"*; denunciando diversos tipos de adversários: os *doutrinários* (marxistas, socialistas, capitalistas, fascistas), a *imigração* ("[Os imigrantes] vão nos arruinar, nos invadir, nos submergir, deitar com nossas mulheres e nossos filhos"), os *lobbies* ("antirracista", "dos direitos do homem" etc.). Dito de outro modo, trata-se de identificar qual é a fonte do mal, e então de designar um responsável, e mesmo um culpado. A palavra política se faz denunciadora e acusadora, estigmatizando o inimigo que se deve combater, o qual só pode ser um perseguidor animado do desejo e da vontade de produzir o mal. Tal palavra de denúncia constrói uma imagem de combatente que procura galvanizar suas tropas. Ouviu-se essa palavra quando se tratou de justificar intervenções militares em países estrangeiros, estigmatizando o inimigo absoluto (Saddam Hussein, Milosevic, Bin Laden). Também se ouve isso, de maneira menos agressiva mas igualmente virulenta, a cada campanha eleitoral, pois se trata de apresentar o adversário como o responsável por uma situação de crise ou de males para o cidadão. O mesmo ocorre nos debates na Assembleia Nacional, quando se defrontam maioria e oposição.

Essa estratégia de desqualificação do adversário pode ser posta em prática através de diferentes procedimentos. Um procedimento que consiste em rejeitar as ideias e a ação do adversário evocando a ameaça que ele representa: "Alguns os convocam a votar 'não', prisioneiros de sua doutrina, de sua vontade obstinada de estabelecer na França um sistema totalitário. Inútil insistir"; são aqui apontados,

94 A conquista da opinião pública

ao mesmo tempo, as ideias do adversário ("doutrina"), o perigo para os cidadãos ("sistema totalitário") e sua força maléfica ("vontade obstinada"). Um procedimento que consiste em usar de *ironia*: "Há outros que não hesitam em aconselhar a abstenção. Será que eles não teriam opinião sobre a Europa?", ou em destacar as *contradições* do adversário: "Ou então será que teriam medo de reconhecer que um governo de que não fazem parte realiza o que eles alegam ter sempre desejado?" Um procedimento que consiste em fazer pairar a sombra da *manipulação* por parte do adversário: "A *honestidade* consistiria em que eles recomendassem unicamente a votar em branco" (logo, eles não são honestos e enganam vocês); "Por mais hábil que seja a apresentação, incentivar a abstenção é uma má ação, é convidar a não cumprir o dever de cidadão, a impedir de exercer seu dever de homem livre, de decidir sobre seu destino".

Outro procedimento consiste em atacar a pessoa, seja de maneira direta, chamando-a pelo nome, seja de maneira indireta, mencionando o *status*, o cargo ou a função da pessoa: "Quando o país se inquieta, o papel de um *estadista* é o de encontrar soluções que possam ser aplicadas, não é acrescentar confusão ao medo"; ou incluindo as pessoas num grupo mais ou menos identificável (o poder, as mídias, os partidos, os lobbies, a burguesia, as potências monetárias, o *"establishment"*), origem de todos os males, procedimento frequente empregado pelos partidos extremistas que denunciam: "a fusão oligárquica do poder midiático e do poder político" ou "a existência de uma geração trotskista de maio de 1968", assim como a presença de "lobbies" e de "certas minorias religiosas" na imprensa. Assim, fabricam-se *bodes expiatórios* a serem sacrificados pela angústia social.

Para não ficar apenas na denúncia do mal, terceiro tempo do roteiro, o político produz um discurso destinado a *reparar o mal existente*, por encantações mais ou menos mágicas sobre a identidade do povo. Ele apela para um impulso coletivo, de se superar e de se fundir numa "alma coletiva", para se reunir em um *Nós*.

A palavra do orador se esforça por exaltar o sentimento identitário desse *Nós*. Trata-se de exacerbar o "orgulho de ser si mesmo", valorizando os traços de caráter comunitário do grupo ao qual se pertence: "Nós somos alsacianos, mas também franceses, mas também europeus, mas também ocidentais"; ou de exibir para o público sua imagem de participante na vida política: "Meus caros concidadãos". É que o homem ou a mulher na política não pode limitar-se a uma descrição negativa da sociedade e do estado de angústia que ela provoca no cidadão. Assim, o efeito de angústia, se conclui, na maioria das vezes, com um apelo à *resistência* ou à *rebelião* contra o que está na origem da ameaça: "Abrir as fronteiras à imigração estrangeira é deixar-se tosquiar como um carneiro. Se continuarmos a aceitar essa política, logo não haverá mais, na França, trabalho para os franceses", lança no ar Jean-Marie Le Pen, o líder político de extrema-direita na França. E, ao fazer isso, o líder torna-se portador do sentimento identitário coletivo, procurando provocar no auditório um movimento de admiração para com sua pessoa que se apresenta como o herói reparador do mal. O povo estaria, assim, sob a proteção de um homem, ou de uma mulher, providencial, carismático, visionário, a quem deve aderir às cegas. O vínculo entre o salvador e o povo deve ser de ordem mais sentimental do que de ideologia: "vocês me falaram, eu escutei vocês"; "eu quero isso porque vocês querem isso"; "*Yes, we can!*". Ele deve dar a ilusão de que uma mudança é possível, imediatamente.

Os grandes líderes, qualquer que seja sua dimensão histórica, qualquer que seja seu projeto político (aí se incluem infelizmente ditadores e populistas), utilizaram esse tipo de palavra para tentar criar uma simbiose entre eles e o povo. O sentimento identitário passa aqui por intermédio de uma figura carismática que desempenha a função de porta-bandeira da coletividade. O ex-presidente dos Estados Unidos, G. W. Bush, ao declarar, após o atentado de 11 de Setembro de 2001, que queria Bin Laden "morto ou vivo", joga com vários efeitos: ele remete o povo americano ao mito da América do Velho Oeste, pioneira e conquistadora, que se construiu fazendo obedecer à lei; com isso, nutre o sentimento identitário do povo que se reencontra em torno dessas raízes fundadoras; designa um culpado que se deve combater "até a morte", justificando com isso um ato de vingança; permite um processo de identificação à sua própria pessoa que se instaura como herói, representante da lei do Velho Oeste.

A MANIPULAÇÃO PELA EXALTAÇÃO DOS VALORES

Todos os políticos, homens e mulheres, declaram defender os valores da nação, da democracia ou da República: uns evocando a laicidade, outros incitando o povo a tomar o poder, outros apelando para a identidade nacional, outros ainda fustigando as Finanças[18] ou reivindicando a probidade política. O problema com o termo "valor" é que não se sabe a que essa noção se refere. Faz referência ao que pode ser julgado por sua utilidade e bom funcionamento da vida social, como é o caso de quando se fala do "trabalho" ou da "segurança"? O valor seria mensurável, mas também discutível e mutante, segundo as circunstâncias. Ou esse termo remete a um princípio, isto é, à qualidade intrínseca que fundamenta o comportamento dos indivíduos em relação à moral, como quando se fala da honestidade, da dignidade e do respeito ao outro? O valor, então, não se mede: ele é indiscutível. Ou faz alusão a um princípio mais estritamente político, aquele que deve ser compartilhado pelo conjunto de uma comunidade em nome do querer viver juntos, como quando se fala de igualdade, de liberdade, de solidariedade? Desse ponto de vista, a democracia e a República não representam um valor, mas recobrem um conjunto de valores que as fundamentam em *superprincípio* de governança.

Mas pode-se falar de direita e de esquerda em termos gerais? Parece realmente que a concepção desses posicionamentos políticos e suas práticas variam segundo as histórias, as tradições e as culturas de cada país. Nos Estados Unidos, que possuem base cultural desenvolvida a partir do povoamento por imigrantes, de tradição protestante que tende a valorizar o sucesso social pessoal em detrimento da solidariedade social e que defende a liberdade do indivíduo em detrimento do controle da potência pública, todo espírito de esquerda (representado pelo Partido Democrata) que visasse controlar a vida social é *a priori* desprezado, enquanto o espírito de direita (representado pelo Partido Republicano) seria a garantia da potência do país. Na Grã-Bretanha, cuja base é a tradição comunitária e o direito do solo que permite uma integração social pelo trabalho, a esquerda (autodenominada "trabalhista") e a direita industrial e financeira estão ligadas pelas forças do mercado. Na França, a base política é a Revolução, mas sem jamais eliminar o peso da tradição monárquica e bonapartista autoritária. É certo que esquerda e direita se reúnem numa concepção jacobina do papel do Estado, mas por uma tradição de cultura crítica, elas se separam quanto à defesa dos interesses geral e particulares.

Existe realmente, na França, um pensamento de esquerda e um pensamento de direita. Um pensamento de esquerda pregando a solidariedade e o progresso social. Um pensamento de direita pregando o liberalismo e o conservadorismo social. Uma cultura mais republicana, centrada na autoridade do Estado que, por um lado, se apoia na história para justificar a verticalidade de uma relação de dominação das elites sobre o povo, de uma coerção mais ou menos violenta, por outro lado, se apoia no direito como garantia *a priori* da ordem, através do bom funcionamento das instituições, mas que utiliza também a astúcia para mascarar as relações de autoridade e jogar com a lei. Uma cultura mais democrática, centrada sobre a vontade do povo, para justificar a horizontalidade das relações – diálogo social permitindo reivindicação e negociação, e atribuindo ao Estado um papel de regulador de conflitos. Essas duas formas de pensamento e de cultura, mesmo que atravessem os partidos dividindo-os e provocando conflitos internos, determinam posturas ideológicas diferentes.

A matriz ideológica da direita francesa

A partir dos anos 1980, vê-se surgir na Europa partidos considerados populistas, ou de extrema-direita, ou de populistas de extrema-direita. Mas, se eles se inspiram nos dois movimen-

A manipulação da opinião pública **99**

tos extremos que foram o fascismo e o nacional-socialismo dos anos 1930 e nos movimentos populistas originários do universo agrário nos Estados Unidos e de certas classes populares na França (o poujadismo* da União de Defesa dos Comerciantes e Artesãos de Pierre Poujade, em 1956), além de se manifestarem contra a democracia social, dominante na maior parte da Europa, eles se diferenciam, pelo menos em seus discursos, da herança fortemente racista e antissemita desses seus predecessores, mesmo que alguns novos partidos os tenham como referência, aproximando-se do discurso da direita clássica.

O discurso de direita baseia-se numa visão do mundo em torno da qual se elabora um sistema de pensamento: "a natureza se impõe ao homem". Dessa visão de submissão do ser humano à ordem da mãe natureza decorrem os valores defendidos, num movimento de conservação do estado das coisas. Valor de *ordem*, como na natureza e que é preciso deixar expandir-se sem a intervenção da mão do homem. A metáfora da "árvore", como ordem orgânica do mundo humano, é um símbolo. Observando que nada é igual na natureza e que, particularmente nos animais, as relações entre os indivíduos se dão por meio das relações de força, isso justificaria que, entre os seres humanos, reinem desigualdades de natureza e que suas relações sejam de dominação entre os fortes e os fracos.

O valor *família*, da sociedade familiar, pois é em seu seio que se fabrica o indivíduo. No pensamento de direita, não é o indivíduo que fabrica o grupo, mas o grupo que fabrica o indivíduo, daí a

---

* N.T.: Tradução de "poujadisme", que designa um movimento político de direita constituído na França ao final da IV República, fundado para a defesa dos comerciantes e dos artesãos.

100 A conquista da opinião pública

importância da filiação, do inato e do peso da tradição familiar que essencializa o grupo e o indivíduo num destino imutável. Isso justifica uma ordem piramidal em cujo topo se encontra a figura do patriarca, potência tutelar, e ao mesmo tempo protetor dos membros de sua família, daí um corpo político em cujo topo se encontra o rei, em submissão divina, cujos membros são sujeitos ligados a ele por ato de fidelidade, mas entre os quais alguns poucos se encontram em posição de poder, fundando a ordem aristocrática. Esse modo de organização social é reproduzido pela Igreja (o papa e os clérigos), e torna-se referência emblemática dessa ordem hierárquica, mesmo em tempo de repúblicas. É a melhor proteção contra o anarquismo, e a razão da luta contra os corpos intermediários que poderiam interpor-se entre o "chefe" e seus administrados. Aqui se confundem *legitimidade* e *autoridade*, uma fundando a outra num lugar de poder antirrepublicano.

O valor *trabalho*, que poderia ser considerado contraditório diante da ordem aristocrática, mas que deve ser entendido como estabelecedor de uma ordem hierárquica entre os senhores, os donos, os chefes, os dirigentes e, por último, os executores – que de início foram os camponeses e depois os operários. Assim se justifica uma atividade produtiva a serviço de um corpo social – ao qual os que trabalham devem tudo – o que permite justificar, sem dizê-lo, o escravagismo, a servidão e depois o trabalho na fábrica, sempre em benefício dos "possuidores". E também é o que assegura uma ordem na qual a palavra do chefe não deve ser posta em causa, excluindo, assim, toda possibilidade de contestação (o ódio dos sindicatos) e criando barreiras contra os movimentos de revolta.

O valor *pátria*, que se deve entender segundo o símbolo da árvore que não admite que a desloquem ou que receba enxertos. O corpo social é constituído pelos filhos da Nação como essência fundadora de sua identidade. Assim sendo, qualquer ingerência estrangeira (e isso, desde os gregos na Antiguidade) deve ser combatida. Daí a menção, no discurso da direita, do *inimigo exterior* contra o qual é preciso se defender e que se deve expulsar para fora das fronteiras do território, concebido como o espaço identitário da nação. Isso justifica as guerras de defesa e mesmo de conquista, pois como o inimigo não pode ser superior o melhor é dominá-lo e integrá-lo ou assimilá-lo.

Esses três valores de base que constituem o corpo de doutrina da direita, e que eram reunidos no *slogan* do governo de Pétain, encontram seu prolongamento na justificativa de diversas ideias que serão mais ou menos desenvolvidas de acordo com as circunstâncias históricas, principalmente a de *desigualdade*. Segundo os dogmas da natureza, os seres não são iguais entre si,[19] nada se pode fazer quanto a isso, é uma essência, uma marca da humanidade. Há, portanto, raças superiores a outras,[20] o que justifica que, num movimento generoso de civilização, as primeiras sejam levadas a dominar as segundas, e mesmo a colonizá-las, ou, se elas resistem, a eliminá-las. Isso cria um espírito de antagonismo entre grupos sociais em nome de seu pertencimento a uma raça ou a uma etnia: assim nasce o *racismo*. E se esse outro, julgado inferior em consequência de movimentos de migração, tem a pretensão de se misturar à comunidade de origem, "maculando" sua pureza identitária, então se cria a ideia de um *inimigo interior* que é preciso eliminar a qualquer preço. Assim nasceu o *antissemitismo*, que, por ter raízes seculares, é um movimento de rejeição daquilo que, tendo certo poder econômico e intelectual (a que se acrescentou, para alguns crentes, a natureza "deicida" do povo judeu), representa uma ameaça para a suposta integridade identitária do povo. Assim nascem também todos os massacres de populações e os genocídios em nome desse *inimigo interior* que é preciso *erradicar* (comunismo, marxismo e outros etnicismos). A consequência disso é um espírito de xenofobia generalizado, que toma diferentes formas, mas que estaria inscrito no patrimônio identitário dessa árvore com raízes "autênticas". Dessa ordem piramidal imutável, que exige submissão por parte dos subordinados, saíram o *autoritarismo* e a *hierarquia* que encontraram uma aplicação no século XIX, na organização do trabalho do mundo industrial nascente, que separava o corpo dos dirigentes das empresas do corpo dos executantes, por sua vez hierarquizados em executivos superiores, médios e operários. Essa ordem hierárquica é fundamentada, para os que estão em cima, no *poder financeiro* transmitido hereditariamente, e para os que estão embaixo, no *mérito*.

Essa matriz configurou-se diversamente ao sabor das circunstâncias históricas e sob a influência das culturas nas quais se inscreve. Na França, além da divisão entre as três direitas, orleanista (liberal), legitimista (contrarrevolucionária) e bonapartista (autoritarista) definidas pelo historiador René Rémond,[21] ela tomou duas faces: a de uma extrema-direita que radicalizou suas características e a de uma direita centrista e de governo que as edulcorou. Para citar apenas dois exemplos dessa face: De

Gaulle pondo um ponto-final à colonização; Giscard d'Estaing instaurando o *"collège unique"*[*] e promulgando a "interrupção voluntária de gravidez" (IVG). Mas, de uma maneira geral, pode-se dizer que, enquanto forma de pensamento, a direita francesa continua autoritária, pouco inclinada à negociação, e tendo como horizonte a ordem e a defesa dos interesses particulares. Mas, ao mesmo tempo, ela tem consciência de que, para governar, é preciso ter astúcia e fazer concessões para evitar que as classes populares e médias se revoltem.

A matriz ideológica da esquerda

Ao contrário do sistema de pensamento da direita, o que fundamenta o pensamento de esquerda é que "o homem se impõe à natureza". Dessa visão de mundo nascem valores que se encontram num movimento de "progresso", no sentido de que o homem, por seu saber-fazer, deve reduzir progressivamente as desigualdades da natureza: não se procura defender um estado de coisas, mas fazê-lo evoluir. Se a natureza se expõe por diferenças e relações de força, convém que o homem reduza as diferenças e lute contra as relações de força. Isso explica que os valores se configurem diversamente em torno de um único valor, fundador de todo o comportamento humano: a *igualdade*. Uma concepção igualitária dos indivíduos vivendo em sociedade em

---

[*] N.T.: Reforma que unificou, na França, as diferentes modalidades do nível de ensino que começava na 6ª série, e que até hoje é chamado de *collège*.

nome de uma igual dignidade de ser e de identidade de direito na participação na vida da cidade, cujo modelo (fantasmático) é a democracia ateniense (o poder do *démos*), e a transcendência republicana (a *res-publica*) que confere a todo indivíduo uma igual humanidade. Essa concepção igualitária se opõe, por conseguinte, a toda tentativa de hierarquização das relações na sociedade e ao exercício de uma autoridade que aproveite de sua posição de poder para submeter os indivíduos. Daí decorre o sonho das sociedades libertárias e anarquistas do século XVIII que tentaram viver em comunidades de compartilhamento das atividades públicas e privadas, e de distribuição dos bens.

A outra consequência do espírito igualitário é a ação revolucionária. A natureza sendo desigual em benefício dos mais fortes e havendo alguns que querem manter esse estado de coisas, convém lutar contra os que querem conservar seus privilégios. A única possibilidade, diante dessas potências é a Revolução. Ela vem acompanhada, em seu princípio, de uma vontade de despojar os possuidores de seus bens, e de redistribuí-los entre todos. Aqui também aparece um inimigo a abater, muito mais interior que exterior. Faz-se oposição aos valores desse inimigo, que se combate de todas as maneiras, daí a organização de um *contrapoder*: diante da ordem imutável de uma autoridade de origem divina ou profana da qual emana um mundo social hierarquizado por natureza, há a reivindicação de uma soberania popular que, fundando-se na igualdade de direito dos cidadãos, escolhe seus representantes e controla a ação política. Diante de uma organização do trabalho hierarquizada e submetida aos *diktats** dos patrões, surge a ordem autogestionária, ou ao menos a reivindicação de um compartilhamento das decisões e da organização de possíveis negociações por intermédio de um corpo de defesa dos trabalhadores: os sindicatos. E, de maneira geral, diante de toda tentativa de dominação e discriminação, a resposta pela educação, pela igual dignidade dos povos contra as diferenças raciais e étnicas (o *antirracismo*), e o fim da hegemonia de uma crença religiosa (a *laicidade*). Isso tem como objetivo criar uma solidariedade internacional entre os países que travam um mesmo combate pela libertação contra a opressão de sistemas políticos autoritários, e pela defesa das classes sociais desfavorecidas. Em sua versão mais extremista, esse movimento pode resultar numa luta armada (o anarquismo italiano, a Guerra Civil Espanhola) em nome da revolta mundial dos oprimidos e da luta contra os opressores de todas as filiações.

Mas, aqui também, a matriz pode tomar diferentes feições, e, na França, ela se configurou em diversas esquerdas. Jacques Julliard, em sua última obra, *Les gauches françaises* [As esquerdas francesas],[22] distingue quatro esquerdas: uma esquerda *liberal*, que se fundamenta em 1789 mas rejeita o Terror; uma esquerda *jacobina*, confiante na potência do Estado; uma esquerda *coletivista*, que pretende generalizar o socialismo; uma esquerda *libertária*, contra todas as elites e ao lado das classes populares. O filósofo Michel Onfray, por sua vez, propõe três: uma esquerda

---

* N.T.: Em sua origem, o termo *diktat* (já incorporado ao léxico da língua francesa) se refere ao Tratado de Versalhes, imposto pelos países vencedores aos vencidos. Por extensão, esse termo designa uma imposição do mais forte ao mais fraco, baseada apenas na força, sendo utilizado por comentaristas de política também em textos de língua portuguesa.

antiliberal, de inspiração revolucionária, doutrinal, mas que não procura tomar o poder (PCF, LCR, NPA); uma esquerda *libertária* que prega a mudança imediata pela ação social (Proudhon, Bakunin); uma esquerda *liberal* e pragmática, tendo aceitado a economia de mercado e oferecendo-se como alternativa à direita no exercício do poder.[23] De todo modo, a esquerda ficará, por muito tempo, dividida entre duas forças contrárias constitutivas de toda identidade: uma força centrípeta de homogeneização do grupo, que procura sua identidade na *unidade*, e uma força centrífuga que conduz o grupo a abrir-se ao outro e se vê obrigado a aceitar o *pluralismo* e a diversidade. Mas, para além dessa fratura, senão mortífera, muitas vezes paralisante, resta um espírito de esquerda que fundamenta seu pensamento e sua ação sobre a solidariedade social e um compartilhamento do lucro, para um melhor equilíbrio entre as diferentes classes sociais e cuja origem fundadora continua sendo a Revolução Francesa.

Essas matrizes são de natureza discursiva e constroem dois imaginários políticos diferentes. Entretanto, na vida política, e particularmente sob os efeitos conjugados da queda do socialismo totalitário, do capitalismo financeiro e do desenvolvimento das tecnologias, que põem em questão a própria noção de progresso, essas duas matrizes se cruzam num terceiro lugar: o populismo. É isso que produz um deslocamento do eleitorado popular para a direita, levando a esquerda liberal, que acreditava dominá-lo, a tomar consciência de que não é mais detentora desse monopólio.

O DISCURSO POPULISTA COMO RECICLAGEM DOS DISCURSOS EXTREMISTAS

Muito se escreveu nos últimos tempos sobre o populismo.[24] Mas a questão não é tanto saber se há partidos populistas e como defini-los, mas saber quem manipula o discurso populista e de que maneira. O populismo é, antes, uma questão de discurso. Todo discurso político, na democracia, é por definição demagógico, na medida em que procura a aprovação do povo e se empenha em adulá-lo, tranquilizá-lo, arrebatá-lo numa esperança de bem-estar social. Tendo por finalidade a conquista da opinião, o discurso político é encenado segundo uma dramaturgia cujos componentes já descrevemos anteriormente: denúncia de um mal social de que o povo é vítima, estigmatização dos responsáveis e promessa de uma reparação desse mal, defendendo certos valores e propondo meios de concretizá-los, mas o faz "aumentando-os", pois explora um terreno semeado de crise social (desemprego, insegurança, injustiça), no qual desaparecem as grandes referências identitárias que criam o vínculo social: a nação, a identidade, a autoridade. O discurso populista se constrói, pois, sobre esses três pilares da dramaturgia política, mas centrado num líder carismático que exacerba suas características: o líder se apresenta como *salvador*, o mal toma ares de catástrofe, às vezes apocalíptico, para fazer sentir ao povo sua condição de *vítima*, os responsáveis são *satanizados em culpados*, os valores são exaltados por seu efeito *identitário*.

A vitimização do povo

A descrição do estado de *vitimização do povo* é uma das características do discurso populista: os "inferiores", os "sem preparo", os "pequenos" (o "zé-povinho") contra os "grandes", os desempregados, os biscateiros, ou a "boa gente" vítima da insegurança. Trata-se de insistir sobre a perda de soberania do povo-cidadão, do enfraquecimento da identidade nacional, da perda de civismo, da decadência moral generalizada, como em: "[A juventude da França] conhece hoje os frutos amargos da decadência econômica, social, política e moral, os flagelos do desemprego, o individualismo radical que leva ao isolamento e ao desespero",[25] anunciando "o tempo da anarquia e da desordem".[26] Esse discurso é destinado a produzir angústia, e num efeito de retorno, o líder populista toma a figura do *praguejador*.

O líder populista

Assim, o *líder populista* pode emergir como homem (ou mulher) *providencial*, carismático, visionário, capaz de ruptura com o sistema em vigor, até mesmo de se mostrar *vingador*, clamando o ódio ao inimigo para "fazer pagar os culpados". Uma espécie de salvador bíblico capaz de atirar seus raios sobre os maus, e a quem se deveria aderir de maneira cega. Ele se apresenta também como único representante do povo: o populista diz: "Eu sou o verdadeiro povo". O vínculo entre o chefe e o povo deve ser de ordem sentimental mais do que ideológico, num face a face entre o líder e as massas suscetível de lhe conceder uma legitimidade plebiscitária. Assim se apresenta Hugo Chávez: "Porque Chávez não é Chávez. Chávez é o povo venezuelano. Volto a recordar o grande Gaitán quando digo [...]: 'Eu não sou eu, eu sou um povo'"[27] – em vínculo direto com o povo para ser seu condutor, seu guia, provocando um curto-circuito entre os aparelhos administrativos e políticos. Além disso, ele deve dar a ilusão de que a mudança pode ser imediata. Negar o tempo é ser populista, é fazer crer que "tudo é possível de imediato" ("Agora!"; "¡Ahora!"), uma espécie de promessa performativa que poderia fazer crer em milagres. É também por isso que o referendo muitas vezes é proposto como meio de expressão do povo e prova de sua vontade. Mas é preciso destacar que a reivindicação do papel protetor do Estado que acompanha a estigmatização do confisco do Estado por uma certa classe política, não é a menor das contradições do discurso populista, pelo menos o de direita. Isso porque seu projeto econômico se diz alinhado a um liberalismo econômico à americana, com poucos impostos e encargos sociais, e com um espírito de livre empresa. Ora, ao mesmo tempo, esse Estado deve ser protetor e ter relação direta com o povo, afastando-o das influências exteriores (a globalização e os *diktats* da Europa) e protegendo-o das invasões estrangeiras (a imigração).

Assim sendo, o líder populista deve fazer prova de *autenticidade* e de sinceridade: "Eu sou tal como me veem", "Eu faço o que eu digo", condição *sine qua non* para estabelecer uma relação de *confiança cega*: "¡Síganme!" (Sigam-me!), dizia Menem nos anos 1990. Ele deve também demonstrar *potência* através de uma oratória feita de "protestos"; sua linguagem

110 A conquista da opinião pública

deve ser simples e penetrante, buscando evitar a *"langue de bois"*,* fazendo-se acompanhar de uma vocalidade e de um gestual amplo e forte, utilizando-se, para galvanizar as multidões, de uma retórica grosseira (*slogans* racistas, metáforas guerreiras, ironia destruidora, jogos de palavras e trocadilhos insultuosos), e, para fazer prova de generosidade, apresentações teatralizadas. Há, no líder populista, alguma coisa do profeta: um homem providencial, portador de uma mensagem, inspirado por uma voz do além (Deus, uma utopia, uma Idade do Ouro) da qual é a encarnação, anunciador de catástrofes potenciais, mas também de bem-estar futuro (o paraíso, "amanhãs que cantam"), uma promessa de redenção e de libertação do jugo imposto pelas elites, de restabelecimento dos valores tradicionais. Hugo Chávez entendeu que, apoiando-se num profeta do passado, tornava-se seu representante:

> Simón Bolívar, o Libertador da América do Sul e líder inspirador da revolução [...], um dia sonhou, em seu delírio pela justiça, ter subido ao cume do Chimborazo. E ali, sobre as neves perpétuas da cordilheira dos Andes, recebeu um mandato do senhor tempo, ancião sábio e de longa barba: "Vai e diz a verdade aos homens". Hoje vim aqui, como porta-estandarte daquele sonho bolivariano, para clamar junto a vocês: Digamos a verdade aos homens!" [28]**

Discurso esse que se assemelha a uma versão pagã da Bíblia.[29]

---

* N.T.: Expressão do francês que, literalmente, se traduz por "língua de madeira", mas que, no contexto político, designa o discurso empolado e vazio de significado.
** N.T.: Tradução do espanhol.

A satanização dos culpados

A *satanização dos culpados* se faz pela figura do "bode expiatório". Trata-se de construir a figura do inimigo portador de todos os males sofridos pelo povo. O bode expiatório tem origens bíblicas. Ele evoca o sacrifício de Abraão a quem Deus havia pedido para imolar Isaac, filho único, como prova de sua fé. Vendo que Abraão se dispunha a obedecer, Deus fez vir um anjo que deteve seu gesto e substituiu seu filho por um carneiro: um animal substituiu um ser humano, o que deu origem, ao que parece, ao rito de expiação descrito no Levítico (*XVI*), que consiste em enviar para o deserto, no dia do grande Perdão (Yom Kippur), um bode portador dos pecados de Israel. Depois, foi o Cristo, chamado de "cordeiro de Deus", que se deixou crucificar para expiar os pecados do mundo: o Um substitui a Todos. Em seguida, esse bode, emissário de um dever de expiação, foi utilizado como expressão para designar o representante de um mal que é preciso sacrificar, porque é portador das faltas ou dos males da coletividade. O bode expiatório permite, então, à coletividade libertar-se de seus próprios erros ou de seu mal: ele tem uma função de *catarse*. Mas, para que essa catarse desempenhe plenamente seu papel, é necessário um paradoxo: a coletividade deve ser persuadida de que o bode expiatório é a origem de todos os seus males e que dele é vítima, mas é necessário que, *na verdade*, ele seja inocente. É isso que levou Georges Clémenceau a declarar que o caso Dreyfus era o bode expiatório do judaísmo. Desde então, essa expressão é empregada para caracterizar o discurso populista que lança ao pasto da punição popular um bode expiatório.

No discurso político, o bode expiatório pode ser apresentado de duas maneiras: estigmatizando o inimigo *interior* ou *exterior*. O inimigo interior que toma as formas da representação política e midiática ("a classe política", "as elites frias e calculistas", "o *establishment*"), das instituições políticas pelo confisco tecno-burocrático. Mas são também os adversários doutrinários (marxistas, socialistas, comunistas, capitalistas, fascistas etc.), constituindo uma "oligarquia internacional e cosmopolita...",[30] os lobbies (antirracistas), os grupos de interesses do capitalismo anônimo, do mundo financeiro, da especulação, das grandes multinacionais... Todas essas categorias de inimigo interior se encontram resumidas na declaração do líder populista de extrema direita francês:

> O *établissement*,* que é preciso derrubar por uma revolução de salvação pública, designa a classe dirigente que impõe hoje o seu poder. Os direitos do homem são tábuas da Lei. Ele tem seus evangelhos segundo São Freud e São Marx, tem seu clero, seu arquiteto e seus pedreiros. O Panteão republicano é seu lugar de culto, tem seus ritos. Ele prega a moral.[31]

Mais inquietante ainda é o inimigo comunitário que age à sombra, de maneira surda, fomentando complôs. Durante muito tempo, na França, eram os judeus e os franco-maçons. Agora são os árabes em sua qualidade de muçulmanos os portadores

---

* N.T.: O termo *établissement* é utilizado por Jean-Marie Le Pen como tradução de *establishment*, do inglês, em reação "nacionalista" ao fato de que esse estrangeirismo é normalmente usado nos textos acadêmicos que tratam de política e economia na França e em outros países.

das ambições imperialistas e hegemônicas do Islã, e que se manifestam pelo terrorismo ou pela invasão migratória.

O inimigo exterior, por sua vez, para que possa representar uma verdadeira ameaça,[32] deve ser difícil de determinar, sugerindo que estaria oculto na sombra, como um cérebro calculando suas ações ou um grupo de pessoas não identificáveis fomentando um complô. Ora é a "imigração": "[...] hegemonias estrangeiras, da imigração, da baixa natalidade, da insegurança do estadismo dirigista e da burocracia fiscalista",[33] ora o "imperialismo". Por vezes, inimigo interior e exterior se confundem, como na imigração, que vem do estrangeiro, mas que se estabelece no país. Hugo Chávez se empenhou em satanizar o império dos Estados Unidos, transformando o inimigo exterior em inimigo interior. Em seu discurso à ONU, ele declarou:

> O diabo está em casa, pois. O diabo, o próprio diabo está em casa. Ontem o diabo veio aqui, ontem o diabo esteve aqui, neste mesmo lugar. [...] o senhor presidente dos Estados Unidos, a quem eu chamo "o diabo", veio aqui, falando como dono do mundo.[34]

Nessas condições, o bode expiatório, contrariamente à tradição bíblica, não pode jamais ser inocente, *em verdade*. Ele tem por função orientar a violência do povo contra ele e desencadear o desejo de sua destruição, que resultará na reparação do mal. Assim se justificava o genocídio judeu aos olhos dos nazistas, e o líder populista toma, nessa ocasião, a figura de *profeta da desgraça*.

A exaltação dos valores

Quanto à *exaltação dos valores*, o líder populista se move principalmente tomado pelo sentimento identitário: *a identidade nacional*, que é evocada porque a nação é o fundamento da identidade coletiva como mito da "nação orgânica", da independência econômica como direito de dispor de seus próprios recursos e contra o dominador explorador;[35] a *identidade comunitária*: em nome de um valor originário: "Sim, nós somos a favor da preferência nacional porque nós somos pela vida contra a morte, pela liberdade contra a escravidão, pela existência contra a extinção".[36] Quanto a Hugo Chávez, ele exaltava uma identidade e uma comunidade sul-americana: "[...] não nacional, não nacional venezuelano, não nacional argentino, não nacional brasileiro, não nacional boliviano ou uruguaio ou equatoriano, mas sim nacional sul-americano". E, para além da identidade nacional e comunitária, uma identidade cultural ou civilizacional: "Nós acreditamos que a França ocupa um lugar singular na Europa e no mundo, pois nosso povo resulta da fusão única das virtudes romanas, germânicas e celtas",[37] o que também foi a preocupação de Hugo Chávez ao referir-se à tradição bolivariana e à "árvore das três raízes",[38] e de Evo Morales.[39] O líder populista abarca, então, a figura do *fundador*.

Exaltar o sentimento identitário é lembrar que o pertencimento é, ao mesmo tempo, uma natureza dada por filiação e um ato de reconhecimento voluntário. Fazer a apologia desses valores é lembrar que eles se inscrevem na história, numa tradição de luta em que se encontram os fundadores ou outros combatentes ilustres (daí o aspecto hagiográfico de alguns discursos, tanto à direita quanto à esquerda). Mostram-se os benefícios trazidos por tais valores no passado e fazem-se profecias de que são eles (esses valores) que trarão a solução a todos os males do povo. Os discursos patrióticos pronunciados para levar os membros de uma comunidade a *marchar juntos* na guerra demonstram isso. E em situação de comício, a palavra política se faz ora grandiloquente ("A liberdade não se discute"), ora guerreira ("Estamos aqui para combater a injustiça"), ora irônica ("Como poderíamos preservar nossa independência a longo prazo, sem nos refugiarmos numa tal mediocridade que não incomoda nem tenta ninguém?"), ora profética ("A França só pode conservar e aumentar seu papel no mundo ao unir-se às outras nações europeias").

O DISCURSO POPULISTA COMO FATOR DE EMBARALHAMENTO DAS OPOSIÇÕES POLÍTICAS

O *populismo* é sempre denunciado – até mesmo em alguns estudos sérios – e frequentemente mostrado, com exemplos extremos, como a antecâmara do totalitarismo. Isso talvez se justifique pelos exemplos fornecidos pela história, tanto na Europa quanto nos países latino-americanos, africanos ou do Leste, mas nada autoriza a dizer que o populismo gera inevitavelmente o totalitarismo. Além disso, ele toma formas diferentes de acordo com os países e as culturas. Nos Estados Unidos, *"people"* (povo) designa o mundo agrário que se opõe às elites consideradas corrompidas, e o populismo, por causa do escravagismo e das ondas sucessivas de imigração, é inter-racial.

116 A conquista da opinião pública

Os países da América Latina, também países de imigração, mas com populações europeias latinas e católicas, vivenciaram populismos anti-indígenas e também anticlassistas, entre ricos e pobres. Na França, o populismo é principalmente categorial (contra os judeus, contra os árabes, contra os negros), xenófobo (contra os estrangeiros) ou corporativista (o "poujadismo" do comércio), e é considerado próprio da extrema-direita. Como nunca foi bem definido, nem teorizado pelos próprios atores políticos, o populismo está imerso em incerteza, o que explica por que não se pode considerá-lo um regime político.[40] Convém considerá-lo mais como uma estratégia, a serviço de uma tomada do poder que se desdobra de maneira mais ou menos exacerbada no interior do jogo democrático. Estratégia que joga com um mecanismo de *fascinação* como "fusão de si com um todo exaltante que cristaliza um ideal".[41]

De fato, constata-se que o discurso populista, se vem historicamente da extrema-direita, tem características que lhe permitem aliar-se, com fins estratégicos, à extrema-esquerda. O populismo de direita abomina o conjunto da classe política e desejaria suprimir os corpos intermediários. O populismo de esquerda "bate" nas elites, no patronato, nos ricos proprietários, em todos os privilegiados e nos dirigentes que os apoiam. O populismo de direita quer um Estado potente e protetor, jogando com a ambivalência de um liberalismo que seria, ao mesmo tempo, orientado para o maior lucro e para a redistribuição das riquezas. O populismo de esquerda, sem um verdadeiro projeto econômico, também quer um Estado forte, sem economia de mercado, mas a serviço do povo para o qual deve redistribuir a riqueza. O populismo de direita defende o que era chamado de "zé-povinho" (uma população do interior agrário e uma pequena burguesia de comerciantes e artesãos); o populismo de esquerda defende o conjunto de integrantes da classe dita popular (os operários, os proletários e os ilegais), não se sabendo ao certo onde começa e acaba o conjunto dos que são evocados pelo vocativo "trabalhadoras, trabalhadores" usado sempre por Arlette Laguiller,* vocativo que foi retomado por Nathalie Arthaud em 2012.[42] O populismo de direita tem como inimigo, além do *"establishment"*, uma fantasmática coalizão socialista-comunista; o populismo de esquerda tem por inimigo, além das elites, as forças ditas reacionárias, chamadas outrora de "fascistas". Nos dois casos, trata-se de "virar a mesa", à direita, pela força (às vezes armada), podendo concretizar-se em golpes de Estado, à esquerda pela revolução (às vezes acompanhada de "terror"), podendo concretizar-se numa Grande Noite de abolição dos privilégios.

Entretanto, não é por isso que se apagam as diferenças entre esses dois populismos. O de direita aspira, no final das contas, a uma hierarquização da sociedade segundo uma ordem natural que não deve ser abalada: "Nós somos criaturas vivas. Como fazemos parte da natureza, obedecemos às suas leis. […] Se violarmos essas leis naturais, a natureza não tardará a se vingar de nós."[43] O populismo de esquerda aspira a uma solidariedade social que implica a luta contra os lucros individuais: "Nossas vidas valem mais que

---

* N.T.: Arlette Laguiller foi candidata pelo partido Lutte Ouvrière em todas as eleições para presidente da França entre 1974 e 2007 (6 vezes). Apesar de nunca ter conseguido passar para o 2º turno, a quantidade de votos a seu favor aumentou de maneira impressionante. Nas eleições de 2012, Nathalie Arthaud se apresentou como candidata de "Lutte Ouvrière".

seu lucro!"[44] No discurso populista, a característica recorrente do bode expiatório reside numa estigmatização que impede qualquer solução racional diante desse monstro. Trata-se de eliminá-lo sem outra forma de processo. Na França, por exemplo, a Frente Nacional, partido de extrema-direita, estigmatiza os imigrantes sem outra solução a não ser a de colocá-los para fora do país e fechar as fronteiras; quando acusava os lobbies judeus, não apresentava nenhuma solução, contentava-se em insuflar a dúvida sobre a Shoa praticando o negacionismo, cultivando, assim, o ódio a essa população; atualmente, quando a líder desse partido estigmatiza a Europa e seus *diktats*, tudo o que ela propõe é sair da zona do euro, cultivando o ressentimento para com essa potência supranacional, sob a aparência de defender a soberania do povo francês.

No entanto, a roupagem populista dessas ideologias apaga o que as opõe junto a um eleitorado frágil. Pode-se dizer que a de esquerda se caracteriza por um *populismo revolucionário* e a outra por um *populismo reacionário*, mas não é certo que os eleitores "*não contentes*" e "*flutuantes*" percebam perfeitamente essas diferenças. Sem contar que as táticas de desqualificação violenta do adversário são empregadas dos dois lados. Sendo assim, pode-se avançar a hipótese de que, em nossa época, e em todo caso, na Europa, os partidos extremistas, pelo uso de um discurso populista, se tornaram "desextremizados" embora permaneçam "radicais", o que faz com que os *flutuantes* possam votar neles, motivados menos por razões ideológicas do que por sentimentos diversos de revanche ou de esperança de melhorarem de vida.

Na França, a direita clássica, que já governou o país, radicalizou-se aproveitando os temas da Frente Nacional, partido extremista. Mesmo declarando-se "uma direita republicana moderada", a direita clássica deslocou seu discurso para o extremo da direita. Paralelamente, a extrema-direita, como se viu, tratou de se "desendemoninhar" e, ao fazê-lo, aproximou-se de uma direita clássica. Dá-se, então, um efeito de embaralhamento à direita para um eleitorado das classes populares e médias, cada vez menos ideologizado, alertado no que concerne a seus interesses particulares (medo do desemprego, logo, contra a imigração; sofrimento no trabalho na empresa, logo, contra os privilégios dos dirigentes; rebaixamento social, logo, contra os governantes), tendo sido este o alvo da líder da Frente Nacional, Marine Le Pen, filha de Jean-Marie Le Pen, que conseguiu descomplexar uma parte desse eleitorado. Mas também há um efeito de embaralhamento à esquerda, entre a esquerda radical e a esquerda clássica (que se volta, por sua vez, contra as finanças mundiais, e se opõe, embora de maneira mais moderada, aos *diktats* de austeridade da Europa), e entre a extrema-esquerda e uma esquerda radical de caráter populista, se levarmos em conta as transferências de voto que acontecem da primeira para a segunda.[45] Efeitos de embaralhamento igualmente entre a direita e a esquerda clássicas em torno dos valores da República. A esquerda clássica reivindica valores de direita em nome da República acrescentando os da esquerda em nome da democracia. São todos esses efeitos de embaralhamento que levam a pensar que uma parte do eleitorado, que é constituída pelos *"flutuantes"* e pelos *"não contentes"*, está desorientada em nossas sociedades modernas e adere a tal ou qual movimento menos em razão das ideias políticas do que dos valores de autoridade ou de igualdade.

A manipulação no mundo midiático

As mídias de informação (rádio, imprensa, televisão) dirão que sua missão não é manipular pessoas, mas informá-las. Isso é verdade. Mas o que se pergunta é se existe informação objetiva, pois a preocupação de interessar ao maior número de ouvintes, de leitores e de telespectadores não leva as mídias a espetacularizar as informações e, portanto, a desfigurá-las? Não se pode acusá-las de manipulação voluntária (exceto se estão a serviço de um partido ou de um poder particular), mas pode-se elencar os procedimentos de encenação da atualidade que mostram as responsabilidade das mídias no jogo de desinformação da opinião pública:[46] a *superatualização* dos acontecimentos pela escolha e repetição incessante das notícias mais dramáticas (as revoltas nos subúrbios na França, as catástrofes naturais como o tsunami, os ciclones, os tremores de terra, os grandes casos de corrupção, os casos de falhas da Justiça, as querelas políticas, e o caso mais emblemático, o atentado de 11 de Setembro de 2001 às Torres Gêmeas); a *aliança entre mídias e política* numa relação de interesses mais ou menos consciente, nem sempre buscada mas necessária, como se viu a respeito da sucessão rápida dos acontecimentos impostos pelo presidente da República francesa, ritmo que corresponde à sucessão rápida dos acontecimentos selecionados e tratados pelas mídias.

DA SUPERDRAMATIZAÇÃO DA INFORMAÇÃO À "PEOPOLIZAÇÃO" DO POLÍTICO

A "superdramatização" (a dramatização exacerbada) é uma característica do discurso de informação das mídias na maneira de relatar e comentar os acontecimentos. Para atrair o público, trata-se de construir o acontecimento numa narrativa suscetível de ter um impacto emocional, como se vê em algumas manchetes: "A França pedófila", "A França doente dos subúrbios", "A França arde em fogo", "Obesidade: uma em cada seis crianças tem sobrepeso". Uma superdramatização que, usando de procedimentos como o amálgama, a descrição das causas apresentadas de maneira sucinta e as interpelações denunciantes, constrói uma encenação em torno da tríade vítima/agressor/salvador. Esses procedimentos concorrem para tratar a informação com uma tendência a acentuar a *peopolização** do mundo político, transformando os atores políticos em verdadeiras "estrelas".

A peopolização

A *peopolização*, em seu princípio, é muito diferente do populismo. É a característica do discurso que fala da vida privada dos "grandes" desse mundo, das celebridades, dos ídolos do cinema, do esporte, das artes, arrancando o véu

---

* N.T.: Neologismo utilizado em textos acadêmicos de origem portuguesa, para referir-se ao culto às "celebridades", característico do jornalismo cujo modelo é a revista *People*, semanário americano publicado por Time Inc.

122 A conquista da opinião pública

de sua intimidade. A informação chega à cena pública com uma "promessa de revelação" do que está oculto, e mesmo inconfessável (escândalos, adultérios etc.), numa encenação mais ou menos dramatizante. É este o apanágio das chamadas "revistas de fofocas". É uma característica que já era encontrada nos jornais do século XIX, e depois no rádio, pois este tinha a possibilidade de transmitir entrevistas ao vivo. Mas é verdade que o fenômeno explodiu com a imprensa moderna das revistas, com o mercado da fotografia que deu origem ao trabalho dos "paparazzi", e enfim com a televisão. Esta, entretanto, efetuou uma mudança ao mostrar e fazer ouvir os sentimentos das pessoas comuns. Ela se dedicou, desde os anos 1980, a misturar público e privado, ao multiplicar os programas tipo *talk show* e *reality shows*,[47] chegando mesmo a mostrar a intimidade mais particular, a da relação amorosa, com programas do gênero *Loft story*.

Depois, a *peopolização* das estrelas estendeu-se progressivamente às personalidades políticas. Começou com a eleição do presidente da República pelo sufrágio universal. Não no tempo do general De Gaulle, pois este se beneficiava de uma legitimidade histórica que não precisava ser acompanhada de uma imagem de proximidade. Além disso, ele manteve ao longo de todo o seu mandato uma certa distância do povo, distância que lhe parecia mais de acordo com o simbolismo de seu cargo. Mas já em 1969, Georges Pompidou, que precisava se afastar da figura austera e tutelar do general De Gaulle, procurou dotar-se de uma imagem de *proximidade*, mista de paternalismo, aceitando, por exemplo, que se fizesse uma entrevista em sua propriedade.[48]

Com a eleição de Valéry Giscard d'Estaing em 1974, abriu-se uma era de *proximidade familiar*: ele foi visto fazendo esqui, tocando acordeão, comendo ovos mexidos em visita a pessoas comuns. François Mitterrand, por sua vez, mesmo sendo um personagem enigmático (chamavam-no de "esfinge"), deixou a imprensa divulgar momentos de intimidade paternal com sua filha Mazarine, por muito tempo desconhecida. Quanto a Jacques Chirac, deu-se a conhecer por sua *simplicidade calorosa*, dando tapas no traseiro das vacas, expressando-se às vezes numa linguagem crua ("os excitados", "abracadabrantesco"), desvendando sua paixão pela luta japonesa (o sumô), e isso para o maior deleite das mídias. Mais tarde, viram-se homens e mulheres políticos participar de programas de entretenimento,[49] nos quais alguns caíram na armadilha de perguntas brutais, por vezes no limite da decência.

Essa exposição pública da vida cotidiana dos políticos é destinada a produzir um efeito de credibilidade. Ela propaga: "não é por ser um homem ou mulher da política que não sou um homem ou mulher comum, como cada um de vocês". Sabe-se, entretanto, que toda função pública importante necessita de distância para com seu público, a fim de manter seu prestígio, a grandeza simbólica e a seriedade de seu exercício: "o prestígio não prescinde de certa distância".[50] É que, curiosamente, esse fenômeno de *peopolização* produz efeitos contrários: por um lado, de *dessacralização* da função pela ausência de distância, que faz o ídolo cair de seu pedestal e o coloca no mesmo nível de todo mundo; por outro lado, de *ressacralização*, pelo fato de introduzir humanidade numa função que, por

124 A conquista da opinião pública

definição, é desumanizada. Assim, populismo e *peopolização* não devem ser confundidos. O populismo é constitutivo da democracia, particularmente em campanha eleitoral, visto que se trata de conquistar o poder seduzindo uma maioria de eleitores. Ele é um feito dos próprios atores políticos. A *peopolização* é um fato midiático, que procura mostrar o que se passa nos bastidores da cena, assim como nas profundezas da personalidade de seus atores, que se tornam seus cúmplices. O populismo não diz respeito à vida privada dos indivíduos; ele chama o povo a seguir cegamente seu salvador para resolver problemas de sociedade. A *peopolização* joga com o desejo inconfessável de conhecer a vida privada dos notáveis que se protegem sob a carapaça de representantes da nação. Além do mais, no discurso da *peopolização*, o privado toma o lugar do público, a pequena história da grande história, o particular do universal, numa ilusão de transparência total.

A MANIPULAÇÃO PELAS PESQUISAS DE OPINIÃO

E também, há as *pesquisas de opinião* das quais as mídias tornam-se cúmplices por não questionar nem sua validade nem a maneira de apresentá-las. As pesquisas que se tornaram o pão nosso de cada dia, principalmente em período eleitoral, e que participam dessa imposição de se reconhecer como "ser que pensa coletivamente". Elas são apenas um dos meios de medir a opinião pública e, no entanto, se apresentam como definitivas. Isso incita as sociedades modernas a buscar meios de captar o que as pessoas pensam, seja qual for a maneira de chamá-las (público, população, consumidor, eleitor, povo). Ilusão ou realidade, a opinião tornou-se o objeto de todas as atenções em nossas sociedades políticas e de mercados. As pesquisas de opinião são onipresentes. Elas invadem o espaço público. Fazem parte atualmente da paisagem política, e nos diversos meios de captação da opinião são as mais visíveis. Entra ano sai ano, contribuem para dar uma vaga ideia de alguns aspectos da vida em sociedade, e, por conseguinte, são suscetíveis de desempenharem um papel na construção dos pensamentos e dos atos dos cidadãos pelo simples fato de chegarem ao seu conhecimento.

Três problemas se colocam quanto a isso: o da elaboração das pesquisas de opinião, o de sua publicação e o de sua influência. Não nos ocuparemos aqui de certas questões que provocam debate e que a imprensa divulgadora das pesquisas – e que às vezes as encomenda – discute.[51] Por exemplo, para sua elaboração, saber se é necessário constituir amostras de população utilizando o método por amostragem ou um método aleatório; ou então se é necessário operar correções em razão das margens de erro possíveis e com qual técnica. Também não nos ocuparemos da questão de sua difusão, que coloca o problema de saber se as mídias devem divulgá-las na íntegra, com cifras brutas que mostram as margens de erro, ou se devem ser divulgadas sob uma forma simplificada. Enfim, também não nos interessaremos pela questão da influência que as pesquisas de opinião poderiam ter sobre o público, problema extremamente complexo que divide os pesquisadores a respeito de como medir essa influência (por pesquisas de campo ou de maneira experimental).[52]

A pesquisa de opinião é um discurso

Trataremos de um aspecto das pesquisas de opinião que raramente é abordado e que, contudo, diz respeito tanto a seu modo de elaboração quanto a seus efeitos. As pesquisas fazem a palavra circular na arena pública, e é a maneira pela qual essa palavra se constrói que gostaríamos de discutir aqui. Isso porque, se é usual perguntar se essas pesquisas são exatas ou não, se refletem um estado definitivo ou simplesmente uma "fotografia de um dado momento" de uma opinião, há também outra questão, talvez mais fundamental, que é: o que é medido por elas?

Uma pesquisa de opinião é um ato de linguagem que confronta perguntas e respostas. Deve-se examinar como é formulada a pergunta e o que ela induz como resposta possível, pois, de maneira geral, toda pergunta impõe um esquema de fala no qual é inserido aquele que é interrogado. O que nos revela o fato de que alguém interroga outro alguém? De imediato, que o interrogador quer saber alguma coisa *com um determinado objetivo*. Ora, esse objetivo pode variar segundo a intenção daquele que interroga, a identidade do interrogado e a situação na qual eles se encontram. Do ponto de vista do interrogador, pode-se pedir uma informação a fim de: orientar sua conduta ("Que horas são?", "Onde fica a praça da República?"); fazer uma escolha ("O que é melhor para a saúde, o vinho ou a cerveja?"); deliberar ("O Estado deve reforçar a segurança dos cidadãos ou deixar como está?"); fazer um diagnóstico ("Onde dói?"); verificar o saber do outro (em aula: "Quantos países existem no mundo?"); proceder a comparações com outras informações numa investigação (um policial a um suspeito: "Onde o senhor estava na 2ª feira às 8 horas da noite?"); interrogar-se sobre o futuro ("Vamos receber o dinheiro amanhã?") ou sobre o que alguém que não está presente pensa ("Você acha que ele ficou aborrecido?"). Ao mesmo tempo, vê-se que o interrogador deve ser reconhecido pelo interrogado como estando em posição de fazer uma pergunta, o que explica que não se possa interrogar qualquer um, em qualquer circunstância. O interrogador deve ser *legitimado*.

E também, fazer uma pergunta a alguém equivale a impor-lhe uma *moldura de pensamento*. O interrogado se acha na obrigação de responder dentro dessa moldura cujo conteúdo talvez não domine. Toda pergunta pressupõe a existência de um fato, de um acontecimento ou de um saber: perguntar "Você está com febre?" pressupõe que existe a febre como um indício possível para o diagnóstico, supõe que o paciente pode ser afetado por ela e que é a esse respeito que o paciente deve responder. Vê-se nesse fenômeno de imposição de uma moldura de pensamento o poder do interrogador sobre o interrogado.[53]

A pergunta de sondagem de pesquisa de opinião participa desse fenômeno, mas tem particularidades que lhe são próprias, a começar pelo fato de que ela não é uma pergunta de pedido de informação:[54] seu objetivo consiste em estabelecer um certo estado das opiniões que se supõem comuns a um grupo de indivíduos, anotando as respostas para medir seus gostos, suas escolhas, suas intenções de agir ou as ações que já realizaram. Sua legitimidade baseia-se num direito difuso, inscrito no jogo da regulação social, que consiste em justificar que se teste a opinião pública em nome da democracia (pesquisas políticas) ou da economia de mercado

128 A conquista da opinião pública

(pesquisas publicitárias). O indivíduo sondado é limitado por uma *moldura de questionamento* que lhe impõe um universo de pensamento numa formulação que problematiza oposições e que propõe antecipadamente uma bateria de respostas. Nisso, a pergunta de sondagem não se parece com a pergunta comum. A pessoa interrogada se encontra na obrigação de emitir uma opinião, de expressar um posicionamento, de escolher entre possibilidades, logo, de revelar suas ideias sem que se possa afirmar que sua opinião teria preexistido à pergunta. Além disso, outra especificidade é que aquele que responde não sabe a quem responde, diferentemente do que acontece numa relação interpessoal. Na melhor das hipóteses, ele responde a um destinatário coletivo do qual faz parte – e isso é uma situação paradoxal, porque, apesar do "você" que lhe concerne ("o que você pensa disso?"), ele não vai expressar uma opinião pessoal que poderia ser discutida diretamente com um interlocutor. Assim, nem todas as perguntas implicam o mesmo tipo de julgamento e, por conseguinte, as respostas não podem ser tratadas da mesma maneira.

Diferentes tipos de pesquisa de opinião

Quando se examinam as perguntas que são feitas nas pesquisas de opinião, constata-se que elas não colocam o informante na mesma atitude de opinião, e que se devem distinguir pelo menos três tipos de pesquisas: de *intenção*, de *preferência*, de *avaliação*.

As *de intenção* comportam perguntas que não abordam comportamentos, mas declarações de comportamento. Trata-se, para aquele que responde, de se projetar numa ação por vir, o que supõe que já tenha feito uma escolha. Sua resposta revela certamente uma posição de engajamento, mas pelo fato de que se trata de um ato futuro ele se acha desobrigado, pois sabe que poderia mudar de ideia. Não que sua resposta seja uma mentira. Responder a uma pergunta sobre um comportamento previsional não comporta um compromisso imediato, e deixa o campo livre à *inspiração*.[55] A pergunta: "Em quem pretende votar?" não compromete mais do que: "Se você sofrer um ataque, o que você faz?", exceto pela emoção. O que está em causa é a medida de uma intenção que não é o próprio ato, mas um ato em perspectiva, uma declaração que não compromete o interrogado porque está ligada ao humor do momento e deixa o campo livre para uma mudança possível sem risco de perjuro. Compreende-se, então, que as pesquisas de intenção sejam cada vez mais confiáveis à medida que se aproxima a data da eleição, pois, a perspectiva de realização do ato estando mais próxima, o engajamento potencial ganha mais consistência.[56] Compreende-se igualmente a diferença entre uma pesquisa de intenção de voto e uma pesquisa de estimativa dos resultados feita à saída dos locais de votação. Nesse caso, a pergunta é sobre um comportamento supostamente realizado e o indivíduo sondado responde de maneira factual a partir de um ato consumado (*ato performativo*, segundo a pragmática), achando-se então na situação de dever dizer em quem votou, sob o risco de mentir. Isso explica por que as pesquisas feitas logo após a votação são mais confiáveis, visto que, excetuando-se algumas declarações insinceras, os que respondem não dizem o que pensam, mas o que fizeram.

As *pesquisas de preferência* comportam perguntas que põem em confronto pelo menos dois elementos (das classes de pessoas, objetos, comportamentos) e se procura saber qual dos dois têm a maior preferência das pessoas. Isso é praticado principalmente em pesquisas de mercado a fim de orientar a produção de bens de consumo ou nas campanhas publicitárias que visem incitar o consumo, e mais raramente nas pesquisas eleitorais. Entretanto, uma pesquisa do Ifop, publicada pela *Paris Match*, em 23 de fevereiro de 2012, propôs aos futuros eleitores responder a perguntas que apresentavam uma escolha entre dois candidatos: "Das duas personalidades seguintes, qual você prefere?". Trata-se aqui de uma moldura de pensamento comparativa que opera uma aproximação, não necessariamente prevista, entre dois candidatos. Essa aproximação obriga a interrogar-se sobre a personalidade dos candidatos, pois se trata de marcar uma *preferência* por uma delas. Uma tal pesquisa de preferência coloca o indivíduo sondado numa posição de dever escolher em função de critérios mais afetivos (simpatia, confiança, fiabilidade, carisma) do que racionais (programas, pertencimento político). É a razão pela qual a pesquisa de preferência se distingue da de intenção: não se trata de declarar o que seria um comportamento previsional a favor de um candidato ou de uma candidata excluindo todos os outros; trata-se de expressar uma inclinação a favor de uma dessas duas pessoas segundo as impressões que se têm, como se faria entre um bourgogne e um bordeaux se se quisesse expressar o gosto em matéria de vinho. Isso explica por que a pesquisa da *Paris Match* não traz nenhuma indicação quanto às escolhas do voto dos eleitores. Aliás, a comparação entre essas pesquisas de preferência e o resultado da votação mostra que não há coincidência. As pesquisas de preferência não se convertem em intenção de voto: por ocasião da campanha presidencial de 1965, na França, as estatísticas diziam que Jean Lecanuet era o mais popular (36%) e o mais apreciado (51%) e, no entanto, seu resultado eleitoral não ultrapassou 16%.[57]

As *pesquisas de avaliação* constituem outro tipo que importa examinar de perto porque dizem respeito a um aspecto diferente da opinião cidadã. Nelas, procura-se saber como os cidadãos se posicionam quanto a determinados problemas de sociedade: o aquecimento global, a eutanásia, a procriação *in vitro*, a segurança etc. Esse tipo de pesquisa visa trazer informações com o objetivo de enriquecer as controvérsias sociais em torno de certas questões de sociedade. O indivíduo sondado se encontra numa situação em que deve emitir um julgamento sobre um problema do qual não conhece todos os elementos e consequências porque não é nem um especialista que possa dar uma opinião técnica, nem um jurista que possa trazer argumentos jurídicos, nem um político que deva tomar uma decisão com finalidades legislativas. A pesquisa de avaliação coloca a pessoa interrogada numa moldura de pensamento que exige que a opinião expressa se baseie numa experiência de vida pessoal, em observações, em sentimentos, e, apesar disso, sustentados por certa racionalidade porque ela deve se pronunciar, não sobre pessoas ou atos futuros, mas sobre uma *problemática:* "Pode-se utilizar células tronco para fazer progredir a ciência?". O informante não é considerado aqui aquele que tem a *intenção* de realizar um ato ou que deva expressar uma *preferência* entre duas pessoas, mesmo que possa ser levado a tomar posição a favor ou contra uma opinião, mas como aquele de quem se espera um

132 A conquista da opinião pública

julgamento de razão porque implica ao mesmo tempo sua vida pessoal e o interesse geral. A pesquisa de avaliação, nisso, é mais conforme a uma democracia de representação participativa. Ela faz emergir julgamentos sem engajamento nem especialidade por parte dos cidadãos, embora queira revelar o estado de uma consciência cidadã.

Um espelho deformante da sociedade

Finalmente, as pesquisas de intenção de voto não são nada interessantes. Como na Bolsa, as cotações sobem e descem ao sabor das circunstâncias de uma campanha eleitoral. Uma investida aqui, uma gafe ali, uma promessa retumbante de um dos candidatos, uma frase ferina do outro, um comício concorrido, e eis que a cota de uns sobe enquanto simultaneamente a de outros desce. Em compensação, alimentam a dramaturgia eleitoral, é claro, permitindo a numerosos comentaristas exercer sua função, possibilitando aos *talk shows* dos canais de televisão e das estações de rádio terem assunto para suas conversas, às páginas de opinião dos jornais criar ou nutrir controvérsias.[58] Convém, então, se perguntar o que é avaliado por uma sondagem.

Em setembro de 2010, um jornal colocou como manchete: "Os jovens mais confiantes em seu futuro", e como subtítulo: "Apesar da crise, o primeiro barômetro da juventude revela uma geração individualista e pragmática. Os jovens entre 16-30 anos acreditam em si mesmos e menos na sociedade."[59] Seguem-se dois gráficos apresentando os resultados. O que se pode pensar?

A manipulação da opinião pública **133**

Primeiro, ter-se-á notado o emprego do termo "barômetro", que permite evitar "pesquisa", muitas vezes rejeitado, e que sugere que se trata de medir variações como a pressão atmosférica ou a Bolsa, muitas vezes chamada de "barômetro da confiança pública". Em seguida, observa-se que a faixa etária das pessoas sondadas vai de 16 a 30 anos, isto é, a pesquisa coloca no mesmo grupo de informantes jovens que ainda não entraram no mundo do trabalho e os que já estão nele ou que se acredita que aí estejam: a opinião não pode ter a mesma significação. A informação trazida é de que 78% dos homens e 70% das mulheres confiam no futuro quanto a si mesmos, enquanto somente 31% dos homens e 27% das mulheres estariam confiantes quanto ao conjunto da sociedade francesa. Isso não é de estranhar, pois experiências de Psicologia Social mostraram que os sujeitos interrogados são, com frequência, mais negativos nos julgamentos que fazem sobre os outros, tomados em seu conjunto, do que sobre si mesmos.[60] Além disso, compreende-se que seja difícil projetar-se no conjunto de uma sociedade com todas as faixas etárias misturadas. O julgamento para si nunca é o julgamento para os outros. Quanto ao comentarista do Ifop, ele pode concluir enquanto especialista que "esse barômetro evidencia sua necessidade de segurança, mas também o sentimento de que só poderão contar com suas próprias forças". O que mostra a falta de engajamento, não dos jovens, mas do especialista.

E como se essa sondagem devesse ser desprezada, outra foi realizada no ano seguinte, em novembro de 2011, por meio da qual fomos informados de que os franceses julgam os jovens com severidade: 53% os consideram "intolerantes"; 63%, "egoístas";

134 A conquista da opinião pública

53%, "preguiçosos" e 64%, "não engajados". Isso como resultado de uma série de perguntas feitas à população sondada sobre se "considera" que os jovens têm uma vida mais fácil, e que tiveram como respostas: 57% mais fácil quanto ao "lazer"; 44%, quanto às "relações amorosas"; 34%, quanto aos "estudos"; 10%, quanto ao "poder de compra" e 6%, quanto à "moradia". Vê-se ainda o aspecto singular das características pesquisadas: não se pode julgar as relações amorosas, que remetem à intimidade das pessoas, da mesma maneira que o lazer ou os estudos, dois domínios extremamente diferentes quanto ao modo como são vividos e que são julgados a partir de observações sobre o comportamento dos jovens. Quanto ao julgamento do poder de compra e de moradia, depende do conhecimento preciso que se pode ter a respeito do custo da habitação e dos meios econômicos de cada um. Além disso, à pergunta "Você sente que os jovens de hoje são diferentes do que você era com a mesma idade?", 83% responderam "diferentes" ou "muito diferentes", resposta aterrorizante quanto à novidade: pode-se apostar que, se tal pesquisa tivesse sido feita com toda geração desde a Antiguidade, a resposta teria o mesmo alcance.

Outra pesquisa teve como objetivo conhecer o que se pensa sobre o aquecimento global. Ela foi realizada pelo Ifop em parceria com France Inter e o jornal Le Monde e publicada em 19 de novembro de 2010. Segundo a manchete do jornal, essa pesquisa nos dá as seguintes informações: "O aquecimento global, uma ameaça para 56% dos franceses" e "Os jovens se sentem muito mais preocupados do que os mais velhos". Podemos nos perguntar o que significam tais opiniões, sabendo-se que os informantes não têm os conhecimentos necessários para determinar as causas do aquecimento e que os próprios cientistas não compartilham das mesmas opiniões. Outro exemplo: a pesquisa de Opinion Way realizada em janeiro de 2011 para a Société Française d'Accompagnement et de Soins Palliatifs (SFAP)* mostra que, para 60% dos franceses, "a prioridade para o fim de vida" deve ser "o desenvolvimento de cuidados paliativos de qualidade", enquanto 38% seriam favoráveis à legalização da eutanásia. No entanto, uma outra pesquisa do Ifop de outubro de 2010 indicava que 94% dos franceses "aprovam uma legislação que autorizaria a eutanásia 'em condições regulamentadas'". "Então, em quem acreditar? Qual é a amostra válida?", pergunta-se Sandrine Blanchard, em sua crônica sobre o assunto no Le Monde de 20 de janeiro de 2011, visto que "53% das pessoas questionadas se declaram 'insuficientemente informadas sobre o que são os cuidados paliativos' e 68% não sabem que existe uma lei que proíbe o tratamento agressivo sem perspectivas de cura".

Análise de uma pesquisa de opinião que causa perplexidade

Abordemos um caso que chamou nossa atenção particularmente, pois ilustra bem os problemas que as pesquisas estatísticas de avaliação colocam. Foi publicada pelo jornal *Le Monde* em sua edição de 2 de fevereiro de 2012, apresentando o resultado de uma pesquisa encomendada pelo próprio jornal, em conjunto com a associação Lire la Société [Ler a Sociedade], foi realizada por Ipsos e Logica Business Consulting, de 20 a 21 de janeiro de

---

* N.T.: Trata-se da Sociedade Francesa de Acompanhamento e de Cuidados Paliativos – entidade que representa os profissionais que se dedicam a serviços de enfermagem paliativos.

136 A conquista da opinião pública

2012, com 978 pessoas segundo o método por amostragem. Foi publicada sob o título: "Os franceses avaliam que a ética recua na política", tendo como subtítulo: "A maioria dos informantes está pouco confiante quanto o respeito às regras morais pelos eleitos".

Examinemos de perto as perguntas e as respostas. À pergunta "Pensando na vida política francesa, você diria que as grandes regras da moral são respeitadas por ...?", as respostas se distribuem assim: para 57%, "*certos* políticos"; para 2%, "*todos* os políticos"; para 20%, "*a maior parte* dos políticos" e para 20%, "*nenhum* político". Descartados os 2% de "*todos* os políticos", que indicam apenas que quase ninguém considera possível tal coisa para a totalidade da classe dos eleitos, as opções "*certos* políticos" com 57%, e a de "*nenhum* político" com 20% se completam: se *nenhum* foi a resposta de somente 20% dos informantes é porque há uma proporção que julga que certos políticos se enquadram nas regras da moral. Mas cabe aqui uma pergunta: quem são esses *certos*? São eles os eleitos locais, os deputados, os membros do governo? É difícil confiar numa resposta que resulta em tal amálgama, sendo o amálgama, aliás, uma das características recorrentes desse jogo de pergunta-resposta das pesquisas. Além disso, o que é "pensar na vida política francesa"? Há duas pessoas que pensem nisso da mesma maneira?

Outro problema que a pergunta coloca é o do sentido que os informantes podem atribuir a "regras" e "moral". O que são as regras na política? Seriam a mesma coisa que princípios? Trata-se das leis votadas pelo Parlamento (a representação nacional), das regulamentações relativas ao funcionamento das instituições, das normas de comportamento? Difícil determinar, como os próprios tribunais que tentam operar distinções por jurisprudências e pronunciam sentenças que nem sempre são compreendidas pelo cidadão. Os casos de conflito de interesse, de concorrências públicas, de prebenda concedida a uma "boa relação", de nomeações estratégicas para um cargo importante, não são todos passíveis do mesmo julgamento. Além disso, "a moral" seria a mesma coisa que "a ética", como sugere o título da reportagem que comenta a pesquisa? Certas práticas julgadas fora das regras da moral, como facilitar uma concorrência pública a uma empresa francesa, não ofendem necessariamente os grandes princípios éticos.

Em seguida, pergunta-se às pessoas que participaram da pesquisa:

> Quais são os dois elementos que você mais aprecia nos políticos em geral: sua convicção pelas ideias e pelas causas que defendem (40%); sua percepção do interesse geral (40%); sua seriedade e seu realismo quando em atividade (31%); sua capacidade de levar em conta as preocupações e os problemas que você tem (25%); seu desinteresse pelo dinheiro e pelas carreiras do setor privado (18%)?

Questões de *preferência* que nos levam a perguntar que significação atribuir às respostas, pois responder sobre o que se aprecia mais nos outros remete, ao mesmo tempo, ao que se aprecia mais em si mesmo. Ora, sabe-se que os comportamentos representados idealmente são uma coisa, e os praticados são outra coisa. Sem contar que quando se trata dos outros radicalizamos nossa exigência.[61] Uma dificuldade suplementar surge quando se trata de saber se podemos avaliar as convicções dos

138   A conquista da opinião pública

outros quando essas se opõem às nossas. Os eleitos devem se preocupar com o interesse geral e não com os interesses privados, já que foram eleitos para isso, mas aqueles que devem responder a essa pergunta levam em conta o interesse geral no âmbito de sua atividade profissional que os leva talvez a dar prioridade ao interesse privado? E aliás, perguntar sobre "sua capacidade em levar em conta as preocupações e os problemas que você tem" não remete ao interesse privado? Ou seja, os 40% da "percepção do interesse geral" não são uma espécie daquilo que na Psicologia é chamado de *retorno do estigma:* exigir do outro um comportamento ideal que o próprio não pode exercer?

Enfim, outra bateria de perguntas procura avaliar "Quais são os dois elementos que, na política, são os menos aceitáveis para você: a defesa de interesses privados em prejuízo da defesa do interesse geral (31%); as promessas não cumpridas (29%); a *"langue de bois"* (discurso empolado) (23%); o acúmulo dos mandatos (22%); situação financeira de alguns políticos (21%); o favoritismo nas nomeações para certas funções (21%); as mudanças de discurso em função das circunstâncias (21%); as mudanças de lado da esquerda para a direita ou inversamente (10%); a utilização dos laços familiares para entrar na política?" Vê-se, aqui, dessa vez no negativo ("os dois elementos menos aceitáveis"), o reforço da primeira pergunta sobre o interesse geral e os interesses privados, embora em menor proporção (31%); assim sendo, ela participa do mesmo fenômeno de representação ideal. Além disso, é curioso que elementos como a *"langue de bois"* e "as mudanças de discurso em função das circunstâncias", difíceis de perceber (o que é a "langue de bois"[62] e como julgar sobre uma mudança de discurso?), estejam misturados com "o acúmulo dos mandatos", "o nível de vida", "o favoritismo", que são conceitos observáveis e verificáveis.

Se tivessem perguntado "Pensando na vida política francesa, quais são os problemas mais importantes?", em vez de "Pensando na vida política francesa, você diria que as grandes regras da moral são respeitadas?", haveria grandes chances de que a "moralidade" não aparecesse como a primeira das preocupações dos franceses. Do mesmo modo, em 2002, quando foi perguntado, entre os dois turnos da campanha presidencial "Poderia me dizer em algumas palavras qual é, em sua opinião, o problema mais importante na França?", apenas 1% citou o *meio ambiente*.[63] A pergunta não era *orientada*. Se, ao contrário, tivessem perguntado aos informantes "Poderia me dizer em algumas palavras se, em sua opinião, o meio ambiente é um problema importante para a sociedade francesa?", certamente as respostas teriam sido maciçamente "sim". Do mesmo modo, se perguntam numa pesquisa de opinião se os informantes são a favor ou contra o uso da energia nuclear, eles responderão com certeza que são idealmente contra, mas se lhes perguntam se a França deve renunciar a seu poder nuclear, é muito provável que as respostas mudem, pois se trata de uma idealidade contra outra. Essas observações põem em dúvida a real pertinência de uma tal pesquisa sobre a percepção que os franceses têm da ética política. E, em todo caso, elas não corroboram a sentença emitida pelos comentaristas da pesquisa: "se quiserem ser eleitos, os responsáveis políticos 'têm interesse em dizer a verdade sobre a situação do país'".[64] Qual é essa verdade? Quem a detém?

Um bom exemplo de manipulação

Outra pesquisa[65] nos informa que "Dois franceses em três julgam que a campanha 'não é interessante'", e os telejornais, as rádios e a imprensa apressam-se em espalhar essa notícia, cuja formulação mais bela é: "Os franceses estão cansados"[66] Trata-se de mais um bom exemplo de manipulação. Primeiro, porque não se sabe se se trata de eleitores (43 milhões) ou do conjunto dos franceses (66 milhões). Segundo, uma sondagem é, do ponto de vista contável, um cálculo de proporção sobre uma amostra dita representativa. Ora, por definição, uma amostra não corresponde a um cálculo numérico. Mas ao expressar uma proporção (dois terços), o resultado se acha amplificado em seu efeito, por se mostrar representativo de uma totalidade, o que não é o caso. Mas vejamos as coisas mais de perto.

Comecemos pela questão global: "Você acha a campanha para a eleição presidencial *muito, mais ou menos, pouco, nem um pouco* interessante?" Segundo o fenômeno de imposição de uma moldura de pensamento descrito anteriormente, obriga-se a pessoa interrogada a considerar a campanha do ponto de vista de seu interesse. Talvez poucas pessoas tenham feito essa pergunta a si mesmas, mas, uma vez tendo sido colocada, começa a surgir a dúvida. Além disso, por um processo repertoriado em certos experimentos de Psicologia Social,[67] uma pergunta que implica uma polarização tende a fazer com que as pessoas interrogadas respondam pela negativa. Ainda mais porque, nesse caso específico, surge o orgulho de ter de julgar personalidades políticas, numa posição de superioridade, como uma espécie de

A manipulação da opinião pública **141**

revanche dos pequenos sobre os grandes. O indivíduo sondado, que é um anônimo, se acha legitimado como cidadão que opina, exercendo, ilusoriamente, seu direito democrático de vigilância.

A seguir, notemos o efeito que podem produzir os "mais ou menos" e "pouco" sobre as pessoas interrogadas. Essas marcas de modalidade do discurso, assim como as fórmulas "você diria", "você pensa que", "você acha que", ou ainda "segundo você", "quanto a você", "em sua opinião", são marcas de subjetividade ambíguas[68] que desobrigam o sujeito na enunciação de seu julgamento. Elas indicam que o sujeito que se expressa não está muito seguro de si, que seu julgamento é aleatório e que, na verdade, poderia dizer o contrário: são marcas de flutuação do julgamento. De todo modo, nada justifica somá-las com os "muito" e com os "nem um pouco", como a pesquisa propõe, atribuindo aos supostos franceses o julgamento de que a "campanha não é interessante" numa proporção de 65%, ao adicionar os 30% de "nem um pouco" com os 35% de "pouco".

Se olharmos agora o detalhe das respostas à pergunta "Para cada um dos temas seguintes, você pode me dizer se, na campanha para a eleição presidencial, fala-se *demais, não suficiente* ou *o necessário?*", notam-se diversas contradições entre os resultados e sua interpretação. Pode-se perguntar, em primeiro lugar, onde cada um dos interrogados coloca o cursor do "demais" e do "não suficiente", e de acordo com qual critério. Mas vejamos o resultado da classificação. A "habitação" e "aposentadorias" estão em primeiro lugar do "não suficiente" (73%):[69] no entanto, são temas que não concernem às mesmas categorias sociais. "A justiça social"

142 A conquista da opinião pública

chega em terceira posição (68%):[70] pode-se supor que está ligada, de maneira fantasmática, à insegurança, pois não é a totalidade dos cidadãos que tem questões com a Justiça. Ora, o tema da "insegurança" aparece em nona posição (53%). "O poder de compra", que estaria na primeira posição se os ditos franceses reagissem, como dizem os comentários, em função de seu interesse imediato (a vida cotidiana), aparece apenas na quarta posição (63%). Mas como dissociar este item da "habitação", das "aposentadorias", e mesmo da "política fiscal" e da "crise econômica", que estão respectivamente em décima segunda (39%) e décima quinta posição (28%) entre 16 temas? Além disso, julgar que abordagem da "crise econômica e financeira" é da ordem do "não suficiente" com 28%, do "necessário" com 28% e do "demais" com 43% prova a surdez dos interrogados (isto é, a disparidade de seu modo de informação) em comparação com os temas tratados pelos diferentes candidatos em seus comícios, blogs e entrevistas. Diante dessas contradições, os que respondem às pesquisas de opinião devem abrir os olhos: elas fazem com que eles digam o que na verdade não pensam. Mas ao ouvir dizer o que se supõe que eles pensam, acabam por pensar o que se supõe que eles disseram.

As pesquisas formatam a opinião pública

Perguntar por que se realiza uma pesquisa de opinião equivale a perguntar sobre a natureza do organismo que as encomenda e o contexto social e político no qual é realizada. Perguntar como torná-la pública equivale a considerar o tipo de suporte midiático que a divulga (imprensa, rádio, televisão), em qual apresentação e até os detalhes da pesquisa. Isso porque, sob pretexto de democracia, as sondagens se inscrevem num mercado: dos institutos de pesquisa em concorrência econômica, dos especialistas em política em concorrência de comentários, dos políticos em concorrência de imagens, das mídias em concorrência de audiência. Ao mesmo tempo, vê-se qual pode ser a responsabilidade dos que encomendam as pesquisas, dos que as realizam e dos difusores: se não têm consciência disso, podem ser taxados de ignorância culpada, se têm consciência, trata-se de manipulação. Mas perguntar o que uma pesquisa revela equivale a examinar seus procedimentos para ver do que ela dá conta.

Dissemos que não se deveria confundir intenções de voto de uma amostra de eleitores e votos efetivos dos eleitores, mesmo que as pesquisas de intenção tornem-se cada vez mais confiáveis à proporção que se aproxima a data da eleição, embora às vezes aconteçam surpresas. As pesquisas de avaliação constituem, por sua vez, atos de formatação de um pensamento do qual não se sabe o que representa. Não descrevem uma opinião que já estaria presente na cabeça dos que foram sondados; descrevem respostas suscitadas por uma certa moldura de pensamento e, ao classificá-las segundo escalas de gradação ("mais ou menos"/ "pouco" / "nem um pouco", "favorável"/ "não favorável", "muito"/ "insuficiente" etc.), prejudicam o espírito de julgamento dos indivíduos, o qual é mais nuançado do que essas categorias. Ao reduzir uma diversidade a uma homogeneidade, esse modo de formatação constrói um *não julgamento*, uma opinião *factícia*, fonte de *pensamento único* que, entretanto, pode dar a ilusão de representar uma opinião real.

Quanto aos efeitos que as pesquisas podem produzir, isso será sempre difícil de medir. Pode-se somente dizer que a pesquisa é um dispositivo (amostra, interrogação, tratamento dos dados, interpretação, difusão) que funciona como um espelho, um espelho que dá à opinião a ilusão de se ver em ideias dominantes. Na verdade, a pesquisa é um ato de linguagem que faz perguntas a indivíduos, recolhe respostas coletivas que julga refletir opiniões coletivas com força de autoridade e devendo ser reconhecidas pelo outro. Ela nos remete, como num espelho, à imagem do que seria nossa opinião, mesmo que não acreditemos nisso, e nos institui como "sujeito de pensamento". Assim se constrói a *doxa* como opinião que se torna "bom senso". E quanto mais a *doxa* se expande, mais ela suscita adesão. Numa de suas observações sobre a campanha de 2007,[71] o sociólogo Cyrile Lemieux propõe a noção de "profecia autorrealizadora", que toma emprestado de outro sociólogo, Robert K. Merton: "É, no início, uma falsa definição da situação, e esta provoca um comportamento que faz com que essa definição falsa se torne verdadeira".[72] Pode-se, também, com base na teoria da "espiral do silêncio",[73] dizer que a pesquisa produz um efeito de arrastão, o efeito de uma "espiral especular": ao se ver no espelho das opiniões dóxicas, acaba-se por adotá-las.

O inconveniente para a democracia é que o uso das sondagens por parte dos políticos para sua campanha, e por parte das mídias para manter o suspense, faz com que a opinião potencial assim formatada tenha o papel de um espelho no qual vê a si mesma: assim como a rainha má da Branca de Neve, que se vê bela no espelho de tanto se olhar, o cidadão acaba se conformando à imagem que lhe é imposta. A armadilha se fecha, assim, sobre o público sondado, que, transformando sua opinião pessoal em opinião coletiva, desaparece anonimamente nesta última, mas ao mesmo tempo tem o sentimento de compartilhar um posicionamento comum ou uma opinião comum. Falsas aparências, uma doce ilusão.

Conclusão sobre a manipulação

Há, pois, manipulação e manipulação. Nem todos os atos de discurso manipulam do mesmo modo. Aliás, muitas vezes, o que é tido como manipulador é o discurso do outro, nosso inimigo. A Grécia antiga viu nascer a retórica persuasiva pela necessidade de regrar os conflitos sociais e comerciais. Sabe-se agora que toda sociedade precisa gerir as relações de força que se instauram na vida coletiva à custa de discursos persuasivos cuja finalidade não é o "verdadeiro", mas o "crer verdadeiro". Os discursos persuasivos seriam, então, cada vez mais manipuladores, com o crescimento de uma opinião pública massificada que é objeto de todas as veleidades de apropriação, no campo político (poder), comercial (lucro), midiático (concorrência)? É algo a se verificar, pois os trabalhos dos antropólogos mostram que os indivíduos que vivem em sociedade precisam do espetáculo que põe em cena as forças do bem e do mal. Ele se encontra nas sociedades mais antigas, nas mais primitivas através de mitos e lendas, e em nossas sociedades modernas através da literatura, do cinema fantástico e de diferentes espetáculos "espelhos" nos quais as populações encontram sua razão de ser identitária.

Entretanto, não se pode deixar de observar que, com o desenvolvimento tecnológico em nossa modernidade, a complexidade das redes de circulação da palavra faz com que não se saiba mais quem são os mandatários, os responsáveis, os que encomendam esses discursos, tampouco os verdadeiros destinatários, pois às vezes o discurso manipulador circula com algum consentimento popular, sendo mesmo não consciente. As diferentes formas de manipulação só podem ter efeito na medida em que correspondem a preocupações pregnantes: o conjunto de uma população, ou uma parte desta, estará mais propensa a cair na armadilha das falsas aparências quando estiver vivendo descontente e sentindo-se impotente para resolver seus problemas. E é mais manipulável ao sentir necessidade de que lhe deem explicações simples e lhe façam relatos dramáticos.

Esse fenômeno de "consenso tácito" em torno de receios de crise, e de sua correspondente demanda de segurança, é talvez a marca de uma sociedade que se afasta progressivamente de toda ideologia. O sintoma desse fenômeno seria o incremento da "peopolização" no campo do discurso político. Mas talvez seja necessário evitar cair na atitude paranoica de que "tudo é manipulação" e aplicar-se mais em perceber os atos de desinformação. Por exemplo, atualmente, um amálgama discursivo impede de pensar as questões do conflito israelense-palestino e do antissemitismo por serem confundidos, num mesmo discurso, o "antijudaísmo" (conflito religioso), o "antissemitismo" (conflito étnico) e o "anti-israelismo" (conflito de Estado). Alguns elementos podem querer alimentar essa confusão, mas pode-se dizer que há um grande manipulador que provoque e alimente esse amálgama?

Isso coloca a questão do lugar do discurso de persuasão e de seus avatares numa democracia. Vê-se a porosidade de fronteiras entre estratégias legítimas de persuasão e a manipulação das mentes. Isso porque, na democracia, instauram-se relações de força entre o poder e os contrapoderes nas quais se enfrentam a potência institucional contra a potência cidadã. Esse enfrentamento é feito através de um *jogo de máscaras*: máscaras da força da lei e da autoridade contra as máscaras da força do protesto. Esse antagonismo entre poder e contrapoder vem do fato de que a ação do político é da ordem do *possível*, enquanto o desejo da instância cidadã é da ordem do *desejável*. O discurso de manipulação faz a ligação entre essas duas ordens, para o melhor ou para o pior.

Mas, então, qual é o poder da opinião pública na nossa pós-modernidade? Seu papel é de coadjuvante? É esta a marca de uma crise da democracia?

NOTAS

[1] Roland Barthes, "L'Ancienne rhétorique", *Communications*, n. 16, Paris, Seuil, 1970, p. 211.

[2] Sobre essa questão do *ethos* em relação ao discurso, ver Michèle Bokobza Kahan e Ruth Amossy, "Ethos discursif e image d'auteur", *Argumentation et analyse du discours*, n. 3, octobre 2009, revista eletrônica disponível em <http://aad.revues.org>.

[3] A competência encontra-se ligada à pessoa, mas, quando ela é reconhecida por prêmios ou pela atribuição de títulos por sociedades acadêmicas, ela se institucionaliza e se legitima. A competência é então uma credibilidade transformada em legitimidade.

[4] Cf. a descrição dessas imagens no livro *Le discours politique: Les masques du pouvoir*, op. cit., na terceira parte: "Images des acteurs politiques" [Imagens dos atores políticos].

[5] Em sua declaração de candidatura, vê-se como Raymond Barre evoca sua legitimidade por sua notoriedade ("Vocês já me conhecem..."), suas funções ("Quando eu era primeiro ministro..."), sua filiação política ("Com De Gaulle, com Giscard...") etc.

[6] Cf. verbete "charisme" em Alain Rey (dir.), *Dictionnaire historique de la langue française*, Paris, SNL/Le Robert, 1992.

148   A conquista da opinião pública

[7] Max Weber, *Économie et société*, Paris, Plon, 1971.

[8] Idem., p. 320.

[9] Ver no blog de Amélie Dalmazzo, disponível em:<http://charisme.over-blog.com/>.

[10] Não entraremos em detalhes quanto a essa noção psicanalítica tão complexa, discutida desde que Freud a considerou como uma patologia psíquica autônoma.

[11] Desse ponto de vista, o papa João Paulo II também se inclui nesse carisma messiânico.

[12] Alexandre Dorna, *Le leader charismatique*, Paris, Desclée de Brouwer, 1998.

[13] Resposta a um militante que lhe perguntava se podia tratá-lo por "você": "O senhor é quem sabe".

[14] Em fevereiro de 1981.

[15] Em setembro de 1969.

[16] J. P. Langelier, Lettre d'Amérique du Sud, *Le Monde*, 31 mars 2011.

[17] Cf. M. Souchard et al., *Le Pen, les mots. Analyse d'un discours d'extrême droite*, Paris, Le Monde Éditions, 1997. Republicado em 1998 pela editora La Découverte 1997, p. 48. Trecho do discurso de Jean-Marie Le Pen, pronunciado a 13 de maio de 1984.

[18] É o caso do candidato François Hollande, nas eleições presidenciais de 2012.

[19] Tema recorrente em Jean-Marie Le Pen. Ver o estudo de M. Souchard et al., op. cit.

[20] Essa mentalidade é a base da polêmica desencadeada em 2011, pelo ministro do Interior, Claude Guéant, que afirmou que há civilizações superiores a outras.

[21] R. Rémond, *Les droites en France*, Paris, L. Audibert, 2002 [1ª ed. 1954].

[22] J. Julliard, *Les gauches françaises. 1762-2012: histoire politique et imaginaire*, Paris, Flammarion, 2012.

[23] Em *Le Monde*, 3-4 de abril de 2011.

[24] Ver P.-A. Taguief, *Le nouveau national-populisme*, Paris, CNRS-Éditions, 2012; D. Reynié, *Populisme: la pente fatale*, Paris, Plon, 2011; e meu artigo "Réflexions pour l'analyse du discours populiste", *Mots: Les langages du politique*, n. 97, 2011.

[25] Palavras de Le Pen, em Souchard et al., 1997, op. cit.

[26] Cf. M. Souchard et al., op. cit.

[27] Elvira Narvaja Arnoux, *El discurso latinoamericanista de Hugo Chávez*, Buenos Aires, Editorial Biblos, Ciencias del lenguaje, 2008, p. 46.

[28] Citado por Elvira Narvaja Arnoux, op.cit., p. 65.

[29] Não é de estranhar, nessas condições, que em alguns países as seitas pentecostais tenham um sucesso crescente. No Brasil, em 1990, elas totalizavam 500 mil adeptos, cinco anos depois, em 1995, 3,5 milhões.

[30] Jean-Marie Le Pen, *Identité*, janvier, 1990, p. 76. Para Hugo Chávez, como para muitos líderes populistas, o inimigo interior é a "oligarquia".

[31] Idem, ibidem.

[32] Numa reportagem realizada por uma equipe da France 3 em uma aldeia alsaciana onde não havia desemprego nem imigrantes, e onde 80% dos habitantes, no entanto, haviam votado na Frente Nacional, foi feita a pergunta: "Por quê?" E eles respondiam: "Porque eles podem vir".

[33] Jean-Marie Le Pen, op. cit., p. 48.

[34] Elvira Narvaja Arnoux, op. cit., p. 47.

[35] Daí as nacionalizações conduzidas por Hugo Chavez e Evo Morales, em seus respectivos países.

[36] Cf. *La lettre de Jean-Marie Le Pen*, 15 mai 1991, p. 115.

[37] *Nos valeurs*, La Documentation française, 4 mai 1988.

[38] Cf. conferência de Medófilo Medina "Las referencias ideológicas en la construcción del discurso del presidente Chávez", de 13 de fevereiro de 2009, no colóquio *Les discours politiques en Amérique latine: filiations, polyphonies, théâtralités*, na Universidade de Paris-Est (Atas a publicar).

A manipulação da opinião pública **149**

[39] Cf. comunicação de Christine Delfour: "Le discours d'Evo Morales: entre radicalisme discursif et pratiques réformistes", no colóquio *Les discours politiques en Amérique latine: filiations, polyphonies, théâtralités*, na Universidade de Paris-Est (Atas a publicar).

[40] Ernesto Laclau, *Política y ideología en la teoría Marxista*, Siglo XXI, México, 1968.

[41] A. Dorna, "Qu'est-ce que le discours politique?", *Médiatiques* n. 38, Université Catholique de Louvain, Printemps, 2006.

[42] Ver sua *Profession de foi* (discurso de sua apresentação como candidata à Presidência).

[43] Jean-Marie Le Pen, *Présent*, 21-22 octobre 1991.

[44] *Slogan* do candidato do NPA. Ver a *Profession de foi* de Philippe Poutou.

[45] Cf. as tabelas dos resultados eleitorais nacionais na França no livro de Gilles Ivaldi, *Droites populistes et extrêmes en Europe occidentale*, Paris, La Documentation Française, 2004.

[46] Adaptação de palestra que apresentei no colóquio de Québec, em junho de 2007, sobre *Les mises en scène du discours médiatique*, sob o título "Une éthique du discours médiatique est-elle possible?" publicada na revista Communication, *Les mises en scène du discours médiatique*, Québec, disponível em: <http://communication.revues.org/1652>.

[47] Cf. nosso livro *La parole confisquée*, Paris, Dunod, 1997.

[48] É a época do programa político *Questions à domicile* que entrevistava os políticos em seu "habitat" particular.

[49] Dos animadores: Thierry Ardisson, Marc-Olivier Fogiel, Karl Zéro.

[50] Palavras de De Gaulle.

[51] Remeto mais particularmente às seções "Contre-enquêtes" e "Tribunes" do jornal *Le Monde*, em suas edições dos dias 9 e 17 de março de 2011.

[52] Aqui aparecem diferenças teóricas e metodológicas entre a Sociologia e a Psicologia Social.

[53] Cf. o número 23 da revista *Mots*, de junho de 1990, dedicado ao "discours des sondages d'opinion" [discurso das pesquisas de opinião].

[54] Salvo algumas exceções, como: "Você sabe o que é a contribuição para o INSS?"

[55] "Inspiração": sentimento experimentado num determinado momento segundo o humor e as circunstâncias, de acordo com o dicionário *Le Robert*.

[56] Para a teoria do engajamento, ver J.-L. Beauvois, *Petit traité de manipulation à l'usage des honnêtes gens*, Presses Universitaires de Grenoble, 1987.

[57] Ver C. Delporte, "Présidentielles: des campagnes par la télévision, pour la télévision (1965-2007)", em *Médias, opinions et présidentielles*, Paris, Ina-Éditions, 2012.

[58] Ver a dança das pesquisas contraditórias opondo os resultados de uma pesquisa IFOP de 13 de março dando para Sarkozy 28,5% contra 27% para Hollande, e as de TNS-Sofres dando 30% para Hollande e 26% para Sarkozy, o que permitiu às mídias glosar sobre o "cruzamento das curvas" e, com isso, dramatizar a campanha.

[59] *Le Monde* de 27 de setembro de 2010.

[60] Cf. sob a direção de P. Charaudeau, *Regards croisés. Perceptions interculturelles France-Mexique*, Paris, Didier-Érudition, 1995.

[61] Cf. M. Zavalloni, "L'identité psychosociale, un concept à la recherche d'une science", em S. Moscovici (dir.), *Introduction à la psychologie sociale*, Paris, Larousse, 1973.

[62] Há vários estudos sobre essa questão. Cf. entre outros, a revista *Mots. Les langages du politique, Langues de bois*, n. 21, décembre 1989, e C. Delporte, *Une histoire de la langue de bois*, Paris, Flammarion, 2009.

[63] Cf. M. Brugidou. *L'opinion et ses publics*, Paris, Les Presses de Sciences Po, 2008.

[64] Editorial do jornal *Le Monde* de 2 de fevereiro de 2012.

150   A conquista da opinião pública

[65] Pesquisa Ipsos-Logica Business Consulting de 2-3 de março, publicada pelo jornal *Le Monde* de 7 de março de 2012.

[66] Emissão de Brice Teinturier na estação de rádio France Culture, em 6 de março de 2012.

[67] Cf. J.-L. Beauvois, *La psychologie quotidienne*, Paris, PUF, 1984.

[68] "Você acha" pode indicar uma avaliação neutra ("é possível que") ou uma implicação ("eu, eu penso que"). As experiências de Zavalloni (op. cit.) mostraram a influência desses modalizadores sobre as respostas dos interrogados.

[69] Para a totalidade dos resultados, ver *Le Monde* de 7 de março de 2012.

[70] Mantendo apenas a porcentagem do "não suficiente" que, no entanto, é eminentemente subjetivo.

[71] Cyrile Lemieux, *Un président élu par les médias? Regard sociologique sur la présidentielle de 2007*, Paris, Presses des Mines, 2010.

[72] Robert K. Merton, *Éléments de théorie et de méthode sociologique*, Paris, A. Colin, 1997.

[73] Cf. sua reutilização por E. Noëlle-Neumann, "La spirale du silence. Une théorie de l'opinion publique", *Hermès* n. 4, 1989, pp. 181-90.

Crise da opinião, crise da democracia: os sintomas de uma crise política da pós-modernidade

A questão da soberania num regime democrático

A soberania é o que *funda o poder* e, portanto, define a *posição do soberano*, suas *relações com os governados* e uma certa *imagem da sociedade*. Trata-se, pois, de uma questão de representação, com o duplo sentido dessa noção: quando alguém representa, coloca-se "no lugar de" outros, fala em seu nome e é, ao mesmo tempo, "portador de valores coletivos", pois quando se representa alguém compartilhamos seus valores a ponto de encarná-los. Assim, o soberano não é mais do que o porta-voz de uma outra voz cuja onipotência não depende apenas de sua pessoa, mas principalmente do sistema de crenças ao qual se adere. Essa voz, como veremos, pode ser de natureza transcendental ou institucional, o que permite à soberania agir em nome de uma onipotência, em nome de uma verdade absoluta que funda o sistema político de crenças. É o que lhe confere seu caráter sagrado: "não há sacralidade sem soberania", diz o filósofo Jacques Derrida.

152 A conquista da opinião pública

Num regime monárquico, essa voz é proveniente de um além: o soberano detém um poder de origem divina. Num regime democrático, a voz vem de baixo, ou seja, da opinião pública: a instância soberana detém um poder proveniente do povo, do qual é o representante num processo de delegação. Sem remontar à Antiguidade, e considerando as coisas no contexto histórico francês, a República é fundada a partir da Revolução, opondo-se à Monarquia sobre a questão da detenção do poder: o poder (*imperium*) é uma coisa (*res*) pública (*publica*) que não pode ser propriedade de ninguém. Na verdade, seria possível voltar a um tempo anterior, ao dia 20 de junho de 1789, que viu nascer, pelo juramento do *Jeu de Paume*,[*] o ato fundador da representação nacional. Daí a necessidade de construir uma lei comum resultante de uma convergência de interesses, garantindo a "liberdade positiva" dos indivíduos e dando-lhes a capacidade de participar da coisa pública. Isso faz com que a República se defina menos como um sistema político particular, ou como um modo concreto de governo, do que como um princípio de governança das sociedades que se baseiam em valores funda-dores. Mas, ao mesmo tempo, é necessário dar à tal idealidade os meios de se realizar na vida social e política. Assim sendo, as sociedades republicanas se empenharam em imaginar um modo de governança da coisa pública criando uma assembleia deliberativa, isto é, uma comunidade política organizada que

---

[*] N.T.: Nas vésperas da Revolução, a alguns passos da sede da Monarquia, aconteceu o ato fundador da democracia francesa. Em 20 de junho de 1789, na sala do *Jeu de Paume*, 578 deputados dos Estados Gerais (que eram 1.118 no total) se autoproclamaram "Assembleia Nacional" e juraram não se separar antes de elaborar uma Constituição para a França.

determinasse por consenso uma lei comum que garantisse a "liberdade" e a "igualdade" dos cidadãos.

A democracia não é um regime político nem um tipo de governo. Ela é, também, um princípio transcendental de governança dos povos que "promove e promete a liberdade de todo ser humano na igualdade de todos os seres humanos",[1] e nesse sentido pretende ser universal. Para isso, a democracia, como propõe Rousseau em seu *Contrato Social*, deve dotar-se de uma forma de constituição do corpo político num quadro "jurídico-constitucional"[2] que possa representar a soberania do povo e sua vontade de fundar um poder segundo a lei. Ao mesmo tempo, por esse fundamento segundo a vontade geral do povo, este se outorga um direito: *o direito de olhar*, como diz Derrida,[3] para o ato de governança. Melhor dizendo, a democracia tem uma função crítica: "é o reduto da igualdade incrustado duas vezes, objetivamente e subjetivamente, no corpo da dominação, é o que vem impedir que a política se transforme simplesmente em polícia", diz Jacques Rancière.[4]

Encontramos aqui a lógica simbólica que deve fundar toda forma de poder. Mas é preciso, nesse contexto, governar, e para isso, segundo a lógica pragmática, é preciso que sejam pensadas modalidades de exercício do poder. Já em sua época, Rousseau buscava distinguir – mas para uni-los – o que pertence ao "poder legislativo", que se baseia na soberania do povo, e o "poder executivo", que se baseia numa técnica de governo. Aí surge a contradição que está no fundamento da democracia: um princípio simbólico legitimador do poder em nome da vontade geral fundamenta a democracia numa base desejável expressa pelo povo; uma necessidade pragmática que exige uma técnica de governança fundamenta a democracia em coerções e estratégias exercidas por um número reduzido de pessoas, que são representativas, mas consideradas *experts*: uma elite. Na República, a legitimidade é atribuída pela soberania do povo através de um sistema de representação, mas ao mesmo tempo é reconhecida ao representante a autoridade do chefe encarregado de governar. Na democracia, essa autoridade tende a se fundar no próprio ato de legitimação popular que se atribui um direito de vigilância, de questionamento dessa autoridade e de reivindicação. Pode-se dizer que a República é da ordem do *vertical*, centrada na autoridade e na potência de Estado, enquanto a democracia é da ordem do *horizontal*, instaurando relações de força entre os cidadãos e seus dirigentes. Então, dessa forma, os contratos políticos mudam: o pacto republicano é de *confiança*, enquanto o pacto democrático é de *desconfiança*.

LIBERDADE E IGUALDADE. UMA CONTRADIÇÃO INTERNA À DEMOCRACIA

Assim sendo, a questão que se coloca é a de saber como fazer coexistir "igualdade" e "liberdade". Isso porque a igualdade absoluta do coletivo conduziria a um nivelamento por baixo, e a liberdade absoluta do indivíduo conduziria à anarquia. O desejo de liberdade individual se chocaria com a construção coletiva da liberdade. Tocqueville é bem preciso ao dizer que a democracia se baseia não numa igualdade de natureza dos indivíduos, mas numa "igualdade das condições", o que não significa o desaparecimento das disparidades sociais, mas a possibilidade para cada um de sair de sua condição de origem. É afirmar a igual dignidade dos homens que vivem em sociedade: ninguém é superior nem inferior aos outros como ser humano e em sua identidade de pessoa. Sob esse prisma, é possível discriminar os seres e seus atos em nome de normas sociais, étnicas ou religiosas. Mas a partir do momento em que os homens se veem iguais e semelhantes, o que fazer com certas desigualdades de natureza? É legítimo ir contra essas desigualdades e tem-se o direito de pregar o igualitarismo? É que não se trata, na democracia, de semelhança empírica; trata-se de uma dignidade igual de todo ser humano e, pois, de uma liberdade igual que transcende o indivíduo e remete ao "ser humano". É isso garantia de "liberdade", pois o indivíduo não está mais submetido a uma espécie de "fatalidade" da condição humana ligada ao nascimento, nem, do mesmo modo, ao poder daqueles que são bem nascidos e confiscam o poder. É o que explica a tradição integradora da França segundo um direito do solo que não tem nada a ver com a origem das pessoas.[5]

Entretanto, a liberdade não é uma coisa simples de lidar, visto que se sabe que a de uns é limitada pela dos outros. Desse modo, duas posições se enfrentam, mesmo no interior do republicanismo, em torno da noção de liberdade. De um lado, os defensores do Estado de Direito que, através dos dois princípios de *legalidade* (o governo da lei) e de *imparcialidade* (neutralidade), estabelecem que a liberdade do indivíduo é instaurada pela lei comum, resultado de um consenso, de uma autodeterminação, fora de qualquer relação de dependência para com a vontade arbitrária de apenas um (Monarquia) ou de um pequeno grupo (oligarquia, burocracia). Assim, o cidadão é protegido dos abusos do autoritarismo por uma potência pública que permite a convivência da liberdade individual com a virtude cívica do compartilhamento com os outros. Trata-se de uma "liberdade positiva" como autocontrole.[6] Do outro lado, os defensores do "liberalismo" que não aceitam nenhum obstáculo à liberdade de agir do indivíduo, tanto no domínio econômico quanto no da vida social, já que ele não deve obediência a ninguém, somente às leis que contribuiu para instaurar. Trata-se de uma "liberdade negativa" que se entende como não intervenção da potência pública nas questões privadas dos indivíduos; é a condição da liberdade dos cidadãos, tendo como consequência o fato de que a liberdade de cada um é limitada pela luta entre os particularismos engendrados por essa ausência de intervenção, dando livre curso a uma "lei do mais forte".

Sendo assim, como conjugar liberdade e igualdade? Como preservar a liberdade de cada um numa "comunidade dos iguais"?[7] Recorreremos ainda a Tocqueville, que defende uma liberdade republicana. Ter liberdade é libertar-se da preocupação de nosso ser, e, ao nos libertarmos de nosso ser, nos libertamos de nós mesmos. Não somos somente seres de direito; somos também seres de obrigação: uma responsabilidade compartilhada com o mundo, um cuidado com a coisa pública. Mergulhar no individualismo sob a aparência da independência é retirar o indivíduo da sociedade: quanto mais os homens se separam, mais se "dessolidarizam" e mais a sociedade, ao se fragmentar, se esvai.[8] Ao contrário, unindo liberdade e igualdade, unem-se o interesse geral e interesses particulares, uma vida de casal que, como todas as outras, é feita de conflitos e de consensos.

Mas a verdade é que se trata, então, de um modelo ideal, pois, de um lado os cidadãos não são virtuosos e, de outro, os representantes lutam pela tomada do poder. De um lado, os indivíduos, enquanto sociedade civil, reúnem-se segundo interesses particulares ou de grupo e estão prontos para aceitar perda de liberdade e submissão a um poder forte, sob a condição de que este impeça a alguns de elevarem-se acima dos outros, ou mesmo façam descer os que estão em cima – o que leva a uma consequência paradoxal, pois o povo, não podendo exercer sua soberania, instaura um aparelho de dominação coletivo, anônimo e potente, que acaba por tornar-se impotente. Do outro lado, a apropriação do "poder" por uma elite política, para promover um sistema de vida social mais igualitário, não estando o povo suficientemente esclarecido para fazê-lo; mas ao mesmo tempo instaura-se uma relação autoritária que vai do centralismo jacobino ao despotismo, mais ou menos esclarecido, do exercício do poder; o que também é uma consequência paradoxal, pois estando o poder confiscado por uma elite, o povo acaba por se desinteressar da coisa política. E se encontra entre Kafka e Orwell.

A questão do contrapoder

Não existe democracia sem contrapoder. Mas de onde vem o contrapoder? Ele não vem somente do que se chama de "oposição". Num regime democrático, por não ser majoritária, seu peso fica enfraquecido. A oposição pode ter sempre uma certa influência, de cima para baixo, quando do trabalho das

158 A conquista da opinião pública

comissões parlamentares, ao votar ou não votar emendas às leis, e pelos comentários que pode fazer sobre ações do governo, comentários aos quais as mídias darão mais ou menos visibilidade. O contrapoder é também, e talvez principalmente, o que vem da instância cidadã. Este é o lugar da opinião, que discute e é mandatária de representantes segundo um princípio de confiança. Tem, pois, um poder de decisão temporário e um direito de olhar permanente sobre a ação das pessoas de que é mandatária. Esse contrapoder passa, principalmente, pela emergência de uma *opinião* (coletiva), depois, eventualmente, por uma forma de ação de *reivindicação*.

Mas a democracia moderna, cujo modelo de referência continua a ser a democracia ateniense em seu princípio de soberania do povo, não é mais a da Antiguidade: a ordem do mundo dos gregos não é a das sociedades modernas. O Estado-nação não é a cidade grega ou romana, o número de indivíduos gozando do estatuto de cidadão não é o mesmo,[9] a concepção do tempo e o ritmo da ação política é diferente, o peso da economia nada tem de igual. A democracia moderna redefinida por Benjamin Constant se apoia em três pilares que Marcel Gauchet retoma em suas obras recentes:[10] (i) a democracia se fundamenta num *direito*, o direito que legitima o poder como vindo de baixo, da vontade do povo; (ii) o poder se exerce num *cenário político*, que, ao mesmo tempo, estabelece limites ao exercício do poder e se institui como garantidor do vínculo de coexistência dos indivíduos, fundando o Estado-nação; (iii) assim sendo, o poder na democracia se caracteriza por sua *autonomia*, sua faculdade de gerir os interesses da sociedade, tendo que prestar contas apenas a esta. A democracia, portanto, nunca está completa, ela *se faz* a cada momento e se transforma com o tempo. O poder do rei sacralizado pelo divino foi substituído, a partir do século XVIII, pelo poder temporal sacralizado pela onipotência do povo.

No cerne dessa definição acha-se uma dupla contradição que faz da democracia uma noção marcada pela *indeterminação*. Contradição, como diz C. Castoriadis,[11] entre a aspiração dos indivíduos à liberdade que lhe é outorgada pela autonomia do poder político, acreditando que tudo é sempre possível e factível, e a aspiração ao controle racional dos interesses da cidade, exatamente por conta dessa autonomia: ocorre então, aí, uma contradição prometeica. A essa contradição acrescenta-se outra, que lhe é consubstancial: como, dito em termos modernos, atender ao mesmo tempo ao interesse particular do indivíduo, em nome de sua liberdade, e ao interesse geral da coletividade, em nome do conjunto de restrições que deve protegê-la em sua humana condição. É nessa dupla contradição que se instaura uma relação de força entre poder e contrapoderes na qual se confrontam a potência política contra a potência cidadã. A primeira, legitimada pela representação da soberania popular, a segunda legitimada pelo dever de vigilância em nome de seu ato de delegação. Esse antagonismo entre poder e contrapoder vem do fato de que a ação do político é da ordem do *possível*, enquanto o desejo da instância cidadã é da ordem do *desejável*, num tempo que não é o mesmo, a instância cidadã buscando resultados imediatos. Entre o desejável e o possível se encontra, para a sociedade, a necessidade de achar um equilíbrio entre as duas derivas do poder político, que são o autoritarismo e a anarquia. Essa ambivalência foi abordada por Alexis de Tocqueville: "considero ímpia e detestável a máxima de que, em matéria de governo, a maioria de um povo tem o direito de fazer tudo, e no entanto coloco na vontade da maioria a origem de todos os poderes. Estou, então, em contradição comigo mesmo?"[12]

AS REAÇÕES AO CONTRAPODER

Como já foi dito, a opinião pública pode expressar-se de diferentes maneiras. Primeiramente, pelo ato cidadão do voto, por ocasião de eleições nacionais (presidenciais, legislativas, referendos) ou locais (regionais, municipais etc.) que permitem fazer pressão junto aos pretendentes a um cargo político, pois pelo viés do voto pode-se derrubá-los, descredenciá-los ou confirmá-los. Depois, pelas denúncias ou depoimentos difundidos através das emissões de rádio ou de televisão ditas interativas. Enfim, por manifestações de rua massivas, que ameaçam paralisar o país ou um setor de atividade, ou por ações militantes que podem, por vezes, tomar formas violentas, como por ocasião da destruição de plantações de milho para lutar contra uma cultura transgênica, ou de alguns estabelecimentos de alimentação acusados de servir uma "comida ruim".

Diante desses contrapoderes, as reações políticas são as mesmas que as do poder em geral. Pode-se aceitar o confronto e procurar *impor* a decisão que havia sido tomada inicialmente. É preciso então avaliar a potência do contrapoder, sua capacidade de resistência, jogar com o tempo até que o movimento de contestação se enfraqueça, que a situação se "deteriore", que a opinião pública se canse, para finalmente manter a decisão, apesar de aparentar ter feito concessões. Pode-se também usar de astúcia. Quando se sabe que uma decisão vai provocar movimentos sociais, lança-se a ideia de uma reforma ou apresenta-se uma medida que provavelmente também provocaria forte resistência; deixa-se lentamente incrementar a polêmica, depois aceita-se iniciar discussões com fins de negociação, mas que se arrastam indefinidamente, enquanto se procede à votação em surdina de uma outra medida que se quer aprovar e que passa despercebida na efervescência dos protestos focalizados sobre a falsa medida, que pode, então, ser abandonada.

Mas pode-se também aceitar, desde o começo, ter de *negociar*, seja para evitar o confronto, seja para mostrar boa vontade após um certo tempo. É preciso não revelar por completo o projeto de reforma, saber se poupar dos argumentos, prever medidas anexas, jogar com os diferentes parceiros sociais tentando dividi-los e calcular o que se pode perder, visto que, uma vez mais, negociar é aceitar, para cada parte, perder para ganhar. Enfim, é preciso também aceitar que se esteja na impossibilidade de fazer passar tal medida ou tal reforma: é preciso, então, *retificar*. Para tanto, é necessário prever como voltar atrás, isto é, retirar-se sem perder a face (pois implica ameaça à autoridade da instância política). Isso pode ser feito com uma proposta de substituir o projeto por uma comissão de estudos que deverá encontrar soluções, ou propondo aos interessados reunir-se com seus pares, para que tenham a impressão de que dominam a situação. Por exemplo, quando uma personalidade política importante (chefe

162 A conquista da opinião pública

de Estado, primeiro-ministro, prefeito) é acusada de corrupção, são apresentados "para-raios" para protegê-la, fazendo agir seus "lobbies", dando declarações empoladas vazias de conteúdo e, se necessário, apontando como culpada outra personalidade política de menor importância.

CONTRAPODER E DEMANDA SOCIAL

Sendo o contrapoder uma palavra de crítica, de denúncia e de reivindicação, a questão é saber se o poder político deve responder à demanda social. A demanda social é a emanação diversamente interpretada de uma opinião vaga, em parte inconsciente, mistura de razões objetivas e de reações emocionais, e é versátil porque pode mudar ao sabor dos acontecimentos, muitas vezes desviada porque é instrumentalizada pelo politicamente correto construído pelos políticos e propagado pelas mídias. Mas não se pode ignorá-la, pois, de um modo ou de outro, ela faz ouvir sua voz, e é preciso saber o que a democracia deve fazer com ela.

Essa opinião, por mais que seja vaga, manifesta-se cada vez que se tem o sentimento de que seus interesses pessoais estão ameaçados. Como dissemos, é necessário que esses interesses, que de início concernem a grupos de indivíduos, possam ser compartilhados pela maioria, para que a opinião possa manifestar-se em nome de uma injustiça social da qual se sente vítima. Por exemplo, um movimento proveniente de um setor hospitalar particular pode estender-se, em nome do direito de reivindicar tratamentos de saúde de qualidade iguais para todos. Um grupo de pessoas vítimas de um erro político-administrativo (o caso do "sangue contaminado") ou judiciário (o "caso Outreau") pode tornar-se uma causa nacional em nome do direito a uma Justiça independente. A opinião geral pode também nascer de um sentimento de desigualdade social: o direito a uma remuneração idêntica de homens e mulheres ocupando um mesmo cargo ou função; um direito à contratação pelo salário justo, qualquer que seja a origem étnica do postulante ao emprego; a exigência de paridade homem/mulher nos partidos políticos; o direito ao casamento para os homossexuais. E é desse mesmo sentimento de desigualdade social que nasceram, em toda parte no mundo ocidental, os movimentos dos *indignados* provenientes de setores da população que não podem mais suportar sua situação de precariedade e de pobreza e que se sentem vítimas das potências monetárias. Há pesquisas que mostram que os índices de contentamento ou de descontentamento da opinião pública sobem ou descem na proporção da satisfação dos interesses coletivos.

Coloca-se, então, a questão de saber se é necessário responder à demanda social. A resposta não pode ser a mesma segundo a situação em que se encontra o político: de conquista ou de exercício do poder. Em tempo de conquista do poder, a palavra é feita de promessas e de marcas da determinação do candidato em honrá-las. O político, homem ou mulher, deve se fazer de eco da demanda social. Mas evidentemente esta não é homogênea. Há, como vimos anteriormente, os *"convictos"*, os *"não contentes"* e os *"flutuantes"*, sem contar que a demanda varia segundo o que está em jogo na eleição. Os próprios políticos sabem que não se pode confundir, por exemplo, os militantes e os simpatizantes. Os primeiros são mais rígidos sobre os fundamentos ideológi-

164 A conquista da opinião pública

cos, mais radicais e mais animados pelo ódio ao adversário; os segundos são menos ideologizados e menos radicais. E quando se trata de uma campanha nacional que concerne ao conjunto do eleitorado, a demanda é ainda mais heterogênea, o que faz supor que os políticos saibam perceber seus componentes e responder através de discursos orientados.

O exercício do poder é onde a palavra, após deliberação, torna-se performativa, vira decisão e deve se transformar em ato: ato legislativo seguido de ordens de aplicação. Os motivos que conduzem a essa tomada de decisão podem resultar de certa pressão da demanda social. É por isso que a resposta à demanda social não é coisa fácil de decidir, pois ocorre sempre numa tensão entre dois riscos possíveis: se há resposta, arrisca-se de ser taxado de demagogo, e mesmo de populista; se se mantém surdo, arrisca-se ser taxado de autocrata ou de autoritário inflexível, satisfazendo apenas aos interesses de seu campo político. E depois, há verdades que não devem ser ditas publicamente: declarar que "o Estado não pode fazer tudo"[13] ou que "a França não pode acolher toda a miséria do mundo"[14] é verdade, mas não pode ser anunciada em praça pública por receio de desesperar as populações.

Mas, inversamente, quando se passa em revista alguns grandes atos políticos ou cidadãos, constata-se que dirigentes ou personalidades da sociedade civil podem assumir compromissos contrários a uma opinião majoritária e a uma demanda social. Na França, no passado, foi Voltaire que, contra uma opinião hostil, tomou partido no caso Calas, a fim de reabilitar aquele que havia sido acusado do assassinato de seu filho para impedi-lo de se converter ao protestantismo. Foi o "caso Dreyfus", após o "Eu acuso!" De Zola,

Crise da opinião, crise da democracia **165**

quando Jaurès e Clémenceau se engajaram de maneira solidária para defender o capitão Dreyfus contra, a um só tempo, um poder que se protegia por trás da razão de Estado e uma opinião influenciada por uma imprensa dominada pelos argumentos dos nacionalistas. Num passado mais recente, temos De Gaulle descolonizando a Argélia contra os movimentos da Argélia Francesa, mas também contra uma opinião local que temia perder uma parte de sua soberania. Temos Valéry Giscard d'Estaing legalizando o aborto com a obstinação de sua ministra da Saúde, Simone Veil – que levou à votação, em 1975, a lei que autorizava a interrupção voluntária de gravidez (IVG), chamada de Lei Veil –, contra a opinião da maioria do partido do presidente e de alguns setores conservadores da sociedade. Temos François Mitterrand abolindo a pena de morte contra 63% dos franceses que se diziam favoráveis à sua continuidade, segundo uma pesquisa de opinião.[15]

A demanda social é ambivalente: ela reivindica mais justiça, mais segurança, mas gostaria que as mudanças fossem imediatas sem levar em conta restrições da vida em sociedade, que é marcada por muitas resistências à mudança. Ela funciona seguindo o desejo fantasmático do "que venha logo, imediatamente". É por isso que alguns julgam inúteis ou infantis as manifestações de contrapoder e até as consideram uma especialidade francesa. A história da França, na verdade, é um exemplo desse jogo de poder e contrapoder. O país viu sucederem-se, para o melhor ou para o pior, momentos de crises ou de rebeliões contra o autoritarismo: as revoltas de camponeses contra os senhores, a Revolução Francesa contra a nobreza, seguida de uma época de terror, as revoltas populares contra o Estado monárquico (1848)

166 A conquista da opinião pública

ou contra a autoridade do Estado (1870), as revoltas estudantis contra a autoridade burguesa (maio de 1968) ou governamental. De fato, trata-se de uma história que vê alternarem-se momentos de autoritarismo, momentos de revolta, e depois retorno do domínio autoritário, marca de um povo que evolui entre poder da autoridade e seu questionamento.

Entretanto, não se deve considerar que isso é uma exclusividade francesa. O contrapoder se expressa de maneiras diferentes de acordo com as culturas, com o espírito cidadão mais ou menos inclinado à negociação ou ao diálogo social. A independência dos Estados Unidos da América em relação à Coroa da Inglaterra e a dos países da América Latina em relação à potência colonizadora espanhola se fizeram através de movimentos de revolta que se apoiaram em atos de forte teor simbólico. O final da Guerra do Vietnã ocorreu sob a influência de um contrapoder que demorou a se constituir, mas acabou por colher seus frutos. E poder-se-ia dizer o mesmo do reconhecimento das populações negras que sofriam sob os golpes dos movimentos de revolta mais ou menos violentos, nos Estados Unidos em torno da figura emblemática de Martin Luther King e na África do Sul em torno de Mandela. Deve-se colocar como princípio que, para evitar cair num autoritarismo absoluto, uma sociedade precisa encontrar seu equilíbrio pela resolução dos conflitos que surgem dessa possibilidade de contrapoder. Afinal, Hitler, Stalin, Pétain, em seu tempo, eram apoiados por uma maioria, que tanto pode ser proveniente das urnas como o resultado de um sistema político de intimidação. É preciso, então, que, diante do poder, exista a possibilidade de um contrapoder e a possibilidade de acionamento de um processo de regulação.

As razões de uma crise política da pós-modernidade

Entre o aumento do descrédito manifestado pela opinião pública com relação à classe política, a tendência dos políticos, de direita ou de esquerda, a querer responder à demanda social, e o populismo, ou mesmo a "peopolização" promovida pelas mídias, o que aparece é uma certa paralisia da ação política, e, no que concerne às campanhas eleitorais, um exagero de demagogia. Mas a demagogia é, por sua vez, constitutiva da democracia, pois se trata, para o político, de manter sua credibilidade a qualquer preço. Então, talvez haja um processo de mudança nas relações entre elites e cidadãos; talvez essas relações denotem uma nova tomada de consciência do que é o contrapoder necessário a toda governança política saudável, um contrapoder que se diversifica cada vez mais. Talvez então o que esteja em processo de mudança seja a própria concepção dos regimes políticos.

UMA CRISE DO POVO

Contrariamente ao que afirmam vários comentaristas, e apesar do fato de que nossa época seja a da sociedade de consumo, não se pode mais considerar a instância cidadã como uma massa. Esse conceito de massa nasceu com a sociedade industrial e uma organização do trabalho centrada na produção, para a qual era necessário um grande número de executores, e que produziu o mundo operário e depois uma classe média que se estruturou progressivamente segundo novas condições de poder de compra (capital econômico), de instrução (capital intelectual), de relações sociais (capital social). No início, essas diferentes condições coincidiam: fraco capital econômico = fraco capital social = fraco capital intelectual; atualmente, coincidem cada vez menos: pode-se ter um capital intelectual elevado, um capital econômico fraco e um capital social médio. Isso embaralha um pouco mais as cartas e provoca a emergência de uma nova consciência identitária. A massa não constitui mais um amálgama homogêneo de indivíduos com opinião e comportamento únicos. A massa explodiu numa multiplicidade de grupos que tomaram consciência de sua existência, de seus direitos e, assim, de seu direito de reivindicar, e, fenômeno ainda mais recente, graças à cumplicidade das mídias, de seu poder de pressão junto à autoridade política. À medida que o nível de vida aumenta, que a educação se desenvolve e que o saber se expande, a consciência cidadã torna-se mais esclarecida, mas ao mesmo tempo mais complexa.

O indivíduo cidadão encontra-se em meio a várias contradições: embarcado no progresso técnico, cada vez tem mais necessidade de contatos humanos, mesmo que isso não seja dito e permaneça no inconsciente coletivo; levado pela torrente de um desenvolvimento econômico que exige um gigantismo cada vez maior, uma produtividade cada vez maior em detrimento das pessoas que devem se robotizar, e do meio ambiente que se degrada, reivindica, e a altos brados, o direito de preservar uma qualidade de vida; em meio ao turbilhão de um consumo desenfreado que o obriga a endividar-se e o torna escravo de um mercado que só leva em conta relações anônimas entre máqui-

Crise da opinião, crise da democracia **169**

nas para vender e máquinas para consumir, reivindica, através de determinadas associações, o direito de ser um consumidor esclarecido. Essas contradições provocam mal-estar, pois acarretam uma desorientação identitária, o sentimento de não haver mais um modelo de conduta, de não haver mais referências às quais se ligar – o que tem por efeito paralisar a ação social em nome de um fatalismo consumista, ou produzir movimentos de reivindicação radicais (que se recusam a negociar), apesar da consciência velada de serem vítimas desses mesmos movimentos, e de que o tiro saia pela culatra.

Além disso, quando há perda do sentimento identitário, não se tem mais nada a transmitir; daí uma ausência de transmissão de deveres e de valores entre as gerações, dos pais aos filhos, dos adultos aos jovens. Produz-se, então, uma desfiliação generalizada, dos adultos para com os movimentos cidadãos, dos jovens para com a política, mergulhando o mundo cidadão num novo apolitismo: não mais aquele das gerações anteriores, que, quando os indivíduos se diziam apolíticos, expressavam a recusa de se engajar em organizações militantes consideradas doutrinárias demais, sem, no entanto, privarem-se de "discutir política", mas de uma geração pós-1968 que expressa abertamente sua recusa de falar, de discutir ou de pensar política, como o atestam muitas entrevistas e bate-papos, através da expressão emblemática recorrente: "A política, isso me preocupa". A falta de filiação e de transmissão gera uma autodestruição identitária pela dificuldade em se identificar com um grupo social e em poder definir seu pertencimento, uma autodestruição que não é uma fatalidade, mas que ameaça as sociedades modernas de esfacelamento.

Sendo assim, o povo se encontra mergulhado num mundo social em que o indivíduo se sente impotente diante da coisa pública: sem visão global da sociedade, sem confiança no futuro. Ocorre, então, a escalada de uma *desconfiança*, não somente em relação aos políticos, mas também aos especialistas que se acredita serem infalíveis. Essa desconfiança gera um sentimento de suspeita generalizado, e mesmo de complô, uma demanda de reparação imediata, marcada, quando isso é possível, por uma "judiciarização" dos conflitos. Assiste-se a uma escalada da reclamação dos direitos sobre os deveres, quer seja no mundo da educação ou do trabalho; e quando se trata de deveres, é do dever de emoção que se trata, alimentado pelo espetáculo do sofrimento das vítimas de conflitos (Guerra nos Bálcãs, conflito israelense-palestino, Ruanda, Darfour) e pela espetacularização das ações de solidariedade humanitária (tsunami, ação pelos doentes de aids, Teleton). Restaria apenas o refúgio no indivi-dualismo ("É o meu direito") e no particularismo comunitário.

UMA CRISE DAS ELITES

As elites também estão em crise. Muitas declarações de responsáveis políticos que confessam não saber mais como agir para não perder a confiança do povo confirmam isso. Sempre em termos de diagnóstico, pode-se dizer que as elites de hoje têm uma percepção falsa de sua imagem enquanto políticos, o que lhes coloca um problema de decisão.

É verdade que sempre existiu uma ideologia das elites que se baseia numa ideia de que, para entrar na política (semelhante à entrada numa ordem religiosa), é preciso atender a duas condições: ser animado pelo espírito de missão e ser bem formado. Ser animado pelo "espírito de missão" só pode ser obtido pela transmissão de uma herança que se recebe numa partilha, como uma força que leva a assumir o dever de viver a serviço da coletividade. Retoma-se o testemunho dos antigos, reconhecidos como sua família de pensamento e de ação, quer se trate de seu próprio meio social ou daquele que se adotou como seu. Trata-se de uma herança que tem algo de sagrado, mesmo que a filiação divina já tenha sido rejeitada há muito tempo. Ser "bem formado" significa ter passado por instituições de prestígio (as grandes escolas de nível superior, universidades de renome) e delas sair, se possível, entre os mais bem classificados. Mas é também ter passado por postos de responsabilidade e ter-se feito notar por sua habilidade técnica e seu saber-fazer, tudo o que mostra que a pessoa em questão alia competência e experiência.

É em nome dessa ideologia que as elites devem se sentir, ao mesmo tempo, responsáveis pelo povo e superiores a ele. As massas não podem saber tudo, conhecer tudo, são ignorantes da prática política e, portanto, devem ser influenciadas e guiadas para o seu próprio bem. Esse suposto estado de não competência das massas, aliado à indeterminação e à heterogeneidade das opiniões, justifica que elas possam ser manipuladas, algo com que sonham todos os políticos sem jamais ousar dizê-lo, pois uma tal revelação os desacreditaria. É esse estado de espírito que faz com que as elites acreditem que elas detêm o poder, que nada as ameaça, com um sentimento de impunidade que abre as portas da corrupção.

172 A conquista da opinião pública

O que elas podem é constatar, através de testemunhos trazidos pelas mídias, o descrédito de que são objeto; ora se culpam, ora se sentem desamparadas diante dessas críticas. É que, atualmente, as massas não são mais tão amorfas nem incompetentes quanto essa ideologia da manipulação parece sugerir. Muitas vezes são bastante ativas, e as revoltas e insurreições cidadãs ocorridas no século xx o ilustram muito bem. Mais ainda, observa-se, atualmente, o incremento, por parte da instância cidadã, de uma palavra reivindicativa que, com o auxílio das mídias, interpela e mesmo põe em questão a instância política. A instância cidadã não admite mais, tão cegamente, essas duas condições: o espírito de missão é mal-visto, principalmente quando surgem escândalos e outros casos de corrupção envolvendo responsáveis políticos; quanto ao "ser bem formado", a dúvida aumenta diante de um tecnocratismo burocrático que parece afastar os políticos da realidade da vida cotidiana. Atualmente, um direito de olhar cidadão está em curso, e exige permanentemente prestação de contas à instância política. Antes, era suficiente que os responsáveis políticos exibissem uma imagem de autoridade e de potência; agora eles transitam entre uma imagem de autoridade feita de carisma e uma imagem de proximidade feita de simplicidade, temendo serem considerados arrogantes.

Infelizmente, diante desse problema, as elites nem sempre reagem convenientemente, pois acreditam que, para ganhar confiança, é necessário mostrar a face oculta de sua personalidade, mostrar que por trás do político, homem ou mulher, há um ser humano que tem gostos na vida como qualquer um.

Isso é mostrado na atitude de muitos deles, que se expõem em emissões midiáticas, através de depoimentos que misturam vida privada e vida pública e as instrumentalizam para aumentar a audiência, embora o efeito seja contraproducente. Mas não é certo que o povo, apesar de seu gosto pela "peopolização" de homens e mulheres que seguem a carreira política, aprecie essa mistura de gêneros.

Num regime de democracia representativa, os representantes políticos são levados a tomar decisões, mas essas decisões, pelo fenômeno de representação, deveriam receber a aprovação, pelo menos implícita, da maioria da população. Ora, cada vez mais, as decisões se chocam com uma opinião hostil que multiplica os conflitos. Assim sendo, os responsáveis políticos se sentem despreparados diante do que consideram uma tirania da opinião: "Não se sabe mais como agir", "Não confiam mais em nós", "Acusam-nos de todos os males". Mas antes de concluir que existe uma tirania, seria necessário indagar-se o que é uma decisão no jogo político. Uma decisão individual só compromete aquele que a toma, quer seja tomada após uma longa reflexão, após muitos cálculos, ou que seja tomada subitamente sob o efeito de uma emoção ou de um movimento impulsivo qualquer. Uma decisão de grupo, em contraste, só pode resultar do entendimento entre os membros do grupo que, em geral, se reduz a um pequeno número, pois quanto maior o número mais difícil a tomada de decisão; tal decisão é tomada geralmente após uma discussão na qual os indivíduos fazem valer seus interesses pessoais e acabam por encontrar uma convergência desses interesses.

A decisão política na democracia concerne a milhões de indivíduos através da organização de inúmeros aparelhos administrativos; ela só pode ser tomada após uma vasta consulta, pois, na democracia, é através da discussão pública das decisões que se deve produzir sua aceitabilidade social. Isso se justifica pelo desejo legítimo de ver aumentar a satisfação do interesse geral. Ora, o interesse geral não é visto da mesma maneira pela instância cidadã e pela instância política. Além disso, o interesse geral não é a simples soma de interesses particulares, pois é fragmentado em diversos interesses gerais e particulares: interesse nacional, regional, local, de tal corporação, de tal grupo social (pais, filhos, jovens, mulheres), o que produz uma grande heterogeneidade de interesses. A decisão política não pode exonerar-se do processo de consulta que implica que haja informação e depois discussão para resultar num entendimento. Mas os responsáveis pelas decisões políticas, com frequência, confundem comunicação e consulta. Eles acreditam que, uma vez tomada a decisão, basta comunicá-la bem ao povo, informá-lo dos termos da decisão; ou seja, a consulta se dá sem discussão nem entendimento. E é assim que muitos projetos governamentais fracassaram, enfrentando manifestações populares duras e longas por não terem seguido um verdadeiro processo de consulta. Em política, a decisão deve ser um resultado, não um começo. Diante da emergência de uma nova consciência coletiva que é cada vez mais crítica, os políticos devem encontrar novos modos de funcionamento.

Entre democracia de opinião
e democracia participativa

O princípio no qual se baseia a democracia, como também se viu, é o da soberania do povo, isto é, da delegação provisória do poder político nas mãos de representantes que recebem sua legitimidade desse mesmo ato. Por esse ato de delegação, os cidadãos, ao mesmo tempo, se dão direitos, dentre os quais o de vigilância da ação política, e deveres, dentre os quais o do respeito à lei, dos que legislam e dos que a aplicam. Esse processo de delegação, que funciona como princípio fundador da democracia, implica uma relação de confiança entre cidadãos e representantes da nação. Se esse processo de delegação não é questionado como princípio, pode-se falar, entretanto, como diz o filósofo Daniel Bougnoux, de uma "crise da representação política".[16] Pois não há nada pior que um povo que tem a impressão de ser posto de lado ou marginalizado. Atualmente, ouve-se falar, tanto à direita quanto à esquerda, seja para rejeitá-las, seja para reivindicá-las, de *democracia de opinião*, de *democracia participativa* e mesmo de *democracia direta*. É que a questão reside no peso que o direito de olhar cidadão pode ter sobre a ação política.

Em nossos dias, a *democracia direta*, que nada tem a ver com o que ela foi em Atenas (cujo número de participantes não excedia 6 mil cidadãos), não é aplicável em nossas sociedades modernas. Ela retoma o velho sonho anarquista de governo direto pelo povo, do qual se sabe que não teve aplicação em parte alguma, e que parece bem difícil de realizar em sociedades de vários milhões de indivíduos. Além do mais, uma democracia direta

176 A conquista da opinião pública

acarretaria o problema da soberania do contrapoder. Isso porque se trata de saber se os movimentos de protesto que bloqueiam a ação governamental representam uma maioria ou uma minoria ativa, e, neste último caso, se deverá perguntar o que justifica que a política de um país seja feita em nome de uma minoria.

A *democracia de opinião* seria aquela submetida permanentemente aos *diktats* de uma opinião, que se pronunciaria tanto sobre as medidas legislativas quanto sobre as medidas executivas dos governantes, obrigando estes últimos a agir em função das reações imediatas da opinião. Isso significa que, por falta de formação suficiente e de experiência na prática política, essa opinião só seria reativa, só funcionaria pelo sentimento de insegurança acarretado por tal ou qual medida, por medo de perder privilégios, pelo desejo de ganhar mais. Levada ao extremo, essa democracia se tornaria populista, por ser baseada na emoção, na angústia de tornar-se vítima, no ódio ao adversário que autoriza a questionar as pessoas, sua função e as instituições; uma democracia dependente dos discursos de sedução dos líderes que se apresentam como salvadores: aqui, os imigrantes e a imigração seriam tomados como bode expiatório, ali, os professores e a escola, os juízes e a justiça, os patrões e a empresa, os médicos e a medicina liberal etc. seriam atacados. Uma democracia de opinião seria uma democracia da reivindicação dos direitos – os "direitos do homem" são o exemplo emblemático –, apagando, com isso, a exigência dos deveres. Seria passar de uma *desconfiança democrática* a uma *tirania populista*.

É o surgimento de um desejo de participação que põe em questão o processo de delegação procurando completá-lo por um processo de debate, de discussão e de deliberação, que dá a palavra aos cidadãos. Uma *democracia participativa* deveria basear-se num modo de consulta periódica do povo que poderia não bloquear inconsideradamente toda ação governamental, mas expressar-se, fazer conhecer suas necessidades e dar sua opinião sobre as políticas implementadas através de uma organização cidadã que não seja instrumentalizada nem pelos corpos intermediários, nem pelo militantismo dos partidos políticos. Na verdade, essa demanda de participação não deveria ser considerada contrária à democracia representativa, pois constitui o direito de olhar e de vigilância do povo para com os representantes que elegeu. Mas como o antagonismo entre dirigentes e dirigidos se reforça em situação de crise, a relação de confiança necessária a uma democracia representativa torna-se desconfiança numa democracia participativa.

A democracia, em seu princípio, continua sendo uma democracia representativa que, aliás, não é questionada. Mas, se há crise da representação política, é porque esta não é mais suficiente para si mesma: emerge uma nova sociedade civil, diferente daquela de 30 anos atrás, sob a forma de movimentos que colocam novas questões, que, sob diferentes formas e empregando modos de ação variáveis, instituem-se em grupos de alerta, de interpelação dos poderes públicos, pondo em evidência a carência das instituições. É certo que esses grupos de protesto são mais ou menos organizados, por vezes, fracamente organizados (coordenações corporativas, grupos associativos, movimentos altermundialistas, ecológicos etc.), mas eles têm um papel importante de compensação à frustração das minorias e à precariedade de uma parte da população. Não é de espantar que alguns políticos homens e mulheres proponham

178 A conquista da opinião pública

a criação ora de "júris cidadãos", ora de "direitos em oposição". Isso deve ser interpretado como uma resposta a uma forte demanda social. Pode-se pensar que certa dose de democracia participativa completaria a democracia representativa, que continua sendo a base do princípio de soberania popular. Isso evitaria as rebeliões paralisantes sempre provocadas pelas grandes frustrações sociais e aumentaria a satisfação do interesse geral, o qual, cabe lembrar, deve ouvir as vozes minoritárias.

Mas não se deve esquecer que há um risco duplo. O risco de que a democracia representativa se transforme em sistema oligárquico ou plutocrático disfarçado em escuta da demanda social pelo "politicamente correto" veiculado pelos discursos políticos e midiáticos. O risco de que a democracia participativa seja desviada para uma democracia de opinião que, a cada dia, imponha seus humores ao poder político, obrigando-o a se pronunciar de imediato através de medidas legislativas. Seria uma governança que, por intermédio das mídias, da internet e das diferentes manifestações, se caracterizaria mais pela emoção do que pela razão. Seria uma *democracia de interpelação*, como é chamada por Pierre Rosanvallon,[17] que transformaria a *desconfiança democrática* em *desconfiança populista*, e mesmo em tirania de uma maioria muda, cujo domínio era motivo de receio para Tocqueville:

> Pode-se prever que a fé na opinião comum se tornará uma espécie de religião da qual a maioria será o profeta [...], [e] pode ser que, enfim, ela limite a ação da razão individual de uma maneira mais estreita do que convém à grandeza e à felicidade da espécie humana.[18]

Crise da opinião, crise da democracia **179**

Parece que o grande desafio do mundo por vir seja o de evitar a limitação das maiorias consensuais bem pensantes e de saber como se pode levar em conta as minorias de oposição sem subtrair sua alma ao comprá-las. Desse modo, num mundo onde o peso das finanças e da tecnologia é de tal ordem que o cidadão se acha impotente para compreender e logo para agir, como diz o sociólogo Alain Touraine,

> [...] a prioridade deve ser dada ao despertar da vida política e da consciência cidadã. Iniciativas devem ser tomadas pelos cidadãos. Que se formem grupos, que sejam propostos objetivos, que se crie uma nova concepção das primárias abertas à livre expressão e discussão de ideias gerais e de proposições concretas para que se eleve o termômetro da confiança.[19]

Mas não se deve ocultar que o problema colocado por esse gênero de democracia é o do confronto entre um saber *expert* e um saber de *opinião*. O primeiro, de um lado, é oriundo de uma conjunção entre um conhecimento aprofundado do domínio político adquirido através dos estudos e de uma formação especializada, e, de outro, de uma prática da coisa política que faz com que, se a política não é uma ocupação como outra qualquer, ela é um lugar de atividade que exige saber e experiência. O segundo, o saber de opinião, como vimos, se pode ter uma parte de racional, está sob a influência da emoção e do imediatismo. Conseguir conjugar os dois seria uma utopia?

Notas

[1] J. L. Nancy, "Démocratie finie *e* infinie", em *Démocratie dans quel état?* Paris, La Fabrique, 2009, p. 78.

[2] J. J. Rousseau, *Du contrat social*, Paris, Flammarion, GF, 2001.

[3] J. Derrida, *Voyous*, Paris, Galilée, 2003.

[4] Jacques Rancière, "Les démocraties contre la démocratie", em *Démocratie, dans quel état?* La Fabrique, 2009.

[5] Mas é essa tradição que atualmente está em má situação por diversos fatores sociais e de religiosidade.

[6] A. Tocqueville, op. cit., 1951.

[7] P. Rosanvallon, *La société des égaux*, Paris, Seuil, 2011.

[8] Ler, entre outros, C. Castoriadis, *L'institution imaginaire de la société*, Paris, Seuil, 1975.

[9] Sabe-se que as mulheres e os estrangeiros eram excluídos desse *status*.

[10] Marcel Gauchet, *L'avenir de la démocratie*, Paris, Gallimard, 2010, t.1 A 3.

[11] C. Castoriadis, op. cit.

[12] A. Tocqueville, op. cit., 1951.

[13] Lionel Jospin em 2000, sobre as dispensas de funcionários na fábrica Michelin.

[14] Michel Rocard em 1990.

[15] Pesquisa de opinião do jornal *Le Figaro*, de 9 de outubro de 1981.

[16] D. Bougnoux, *La crise de la représentation*, Paris, La Découverte, 2006.

[17] P. Rosanvallon, op. cit., 2011.

[18] A. Tocqueville, op. cit., 1951.

[19] Debate no jornal *Le Monde* de 28 de outubro de 2014.

Bibliografia

ARENDT, H. *La crise de la culture*. Paris: Gallimard/Folio, 1972.

_____. *Qu'est-ce que la politique?* Paris: Le Seuil/Points, 1995.

ARISTOTE. *Rhétorique*. Paris: Gallimard, Tel, 1356a, v. I, 2, 1991.

ARNOUX, Elvira Narvaja. *El discurso latinoamericanista de Hugo Chávez*. Buenos Aires: Editorial Biblos, Ciencias del Lenguaje, 2008.

BACOT, P. *La construction verbale du politique*: Études de politologie lexicale. Paris: L'Harmattan, 2011.

BARTHES, R. L'Ancienne rhétorique. *Communications*. Paris: Seuil, n. 16, 1970.

_____. *Roland Barthes par Roland Barthes*. Paris: Seuil, 1975.

BAUDRILLARD, J. *De la séduction*. Paris: Galilée, 1979.

_____. *La société de consommation:* ses mythes, ses structures. Paris: Gallimard, 1970.

BEAUVOIS, J.-L. *Petit traité de manipulation à l'usage des honnêtes gens*. Presses Universitaires de Grenoble, 1987.

BOKOBZA KAHAN, M.; AMOSSY, R. Ethos discursif e image d'auteur. Revue électronique *Argumentation et analyse du discours*, n. 3, octobre 2009. (http://aad.revues.org).

BOUGNOUX, D. *La crise de la représentation*. Paris: La Découverte, 2006.

BOURDIEU, P. L'opinion publique n'existe pas. In: ____. *Questions de sociologie*. Paris: Minuit, 1984.

_____. *La distinction, critique sociale du jugement*. Paris: Minuit, 1979.

BRUGIDOU, M. *L'opinion et ses publics*. Paris: Les Presses de Sciences Po, 2008.

CASTORIADIS, C. *L'Institution imaginaire de la société*. Paris: Seuil, 1975.

CHARAUDEAU, P. Réflexions pour l'analyse du discours populiste. Mots. *Les langages du politique*, n. 97, 2011.

_____. *Le discours politique:* Les masques du pouvoir. Paris: Vuibert, 2005. (Reedição: Limoges, Lamber-Lucas, 2014).

CHOMSKY, N.; HERMAN E. S. *La fabrication du consentement:* De la propagande médiatique en démocratie. Trad. Dominique Arias. Marseille: Agone, Contre-feux, 2008. Do original: *Manufacturing Consent:* The Political Economy of the Mass Media (1988).

CRÉPON, S. *Enquête au cœur du nouveau Front national*. Paris: Nouveau Monde, 2012.

DABDAB TRABULSI, J.-A. *Participation directe et démocratie grecque*. Presses Universitaires de Franche-Comté, 2006.

DAYAN, D. Médias et diasporas. *Les cahiers de médiologie n°3, Anciennes nations, nouveaux réseaux*. Paris, Gallimard, 1999.

_____. Télévision: le presque public. *Réseaux, Communiquer à l'ère des réseaux*, Paris, Hermès Science, v. 18, n. 100, 2000.

DEBRAY, R. *L'état séducteur*. Paris: Gallimard/Folio, 1993.

DELPORTE, C. Présidentielles: des campagnes par la télévision, pour la télévision (1965-2007), In: CAYROL R.; CHARON, J.-M. *Médias, opinions e présidentielles*. Paris: Ina Éditions, 2012.

_____. *Une histoire de la langue de bois*. Paris: Flammarion, 2009.

DERRIDA, J. *Voyous*. Paris: Galilée, 2003.

DORNA, A. *Le leader charismatique*. Paris: Desclée de Brouwer, 1998.

EVEIL. *Construire sa citoyenneté*. Paris: L'Harmattan, 2004.

FISKE, J. *Understanding Popular Culture*. London: Routledge, 1989.

_____. *Reading the Popular*. London: Unwin Hyman, 1989.

GAUCHET, Marcel. *L'avenir de la démocratie*. Paris: Gallimard, 2010, t.1 a 3.

HABERMAS, J. *Écrits politiques*. Paris: Flammarion/Champs, 1990.

IVALDI, G. *Droites populistes et extrêmes en Europe occidentale*. Paris: La Documentation Française, 2004.

JAUME, L. *L'individu effacé:* Paris: Fayard, 1997.

JULLIARD, J. *La reine du monde*. Paris: Flammarion, 2008.

_____. *Les Gauches françaises:* 1762-2012 – histoire politique et imaginaire. Paris: Flammarion, 2012.

LE BART, C. *Le discours politique*. Paris: PUF, 1998, col. "Que sais-je?".

LE BRAS, H.; TODD, E. *Le mystère français*. Paris: La République des Idées, 2013.

LE PEN, M. *Pour que vive la France*. Paris: Grancher, 2012.

LEGROS, R. *L'idée d'humanité. Introduction à la phénoménologie*. Paris: Grasset, 1990.

LEHINGUE, P. *Subunda. Coups de sonde dans l'océan des sondagens*. Vulaines-sur-Seine: Éditions du Croquant, 2007.

MACHIAVEL. *Le Prince*. Paris: Flammarion, GF, 1992.

MAURIN, E.; GOUX, D. *Les nouvelles classes moyennes*. Paris: Seuil, La République des Idées, 2012.

MEAD, G. H. *L'esprit, le soi et la société*. Paris: PUF, 1963.

MOTS, Revue. *Langues de bois,* n. 21, décembre 1989.

MOTS, Revue. *Le discours des sondages d'opinion*, n. 23, juin 1990.

NANCY, J.-L. Démocratie finie e infinie. In: ____. *Démocratie dans quel état?* Paris: La Fabrique, 2009, pp. 77-94.

NOËLLE-NEUMANN, E. La spirale du silence. Une théorie de l'opinion publique. *Hermès*, n. 4, 1989, pp. 181-90.

NOIRIEL, G. *A quoi sert l'identité nationale*. Marseille: Agone, 2007.

PLATON. *La République*. Paris: Flammarion, GF, 1966.

RANCIÈRE, J. Les démocraties contre la démocratie, In: ____. *Démocratie, dans quel état?* Paris: La Fabrique, 2009, pp. 95-100.

_____. *La haine de la démocratie*. Paris: La Fabrique, 2005.

RÉMOND, R. *Les droites en France*. Paris: L. Audibert, 2002 [1954].

Bibliografia 183

REVAULTD'ALLONNES, M. *La crise sans fin: essai sur l'expérience moderne du temps*. Paris: Seuil, 2012.

REY, Alain (dir.). *Dictionnaire historique de la langue française*. Paris: SNL/Le Robert, 1992.

REYNIÉ, D. *Populisme: la pente fatale*. Paris: Plon, 2011.

ROCARD, M. *Si la gauche savait*. Paris: Robert Laffont, 2005.

ROSANVALLON, P. *La démocratie inachevée*. Paris: Gallimard/Folio, 2000.

_____. *La contre-démocratie: La politique à l'âge de la défiance*. Paris: Seuil, Points, 2006.

_____. *La société des égaux*. Paris: Seuil, 2011.

ROUSSEAU, J.-J. *Du contrat social*. Paris: Flammarion, GF, 2001.

SCHNAPPER, D. *La communauté des citoyens*. Paris: Gallimard/Folio, 1994.

SOUCHARD, M. et al. *Le Pen. Les mots. Analyse d'un discours d'extrême droite*. Paris: Le Monde Éditions, 1997. (Republicado em 1998 pela editora La Découverte).

TAGUIEF, P.-A. *L'illusion populiste*. Paris: Berg International, 2002.

_____. *Le nouveau national-populisme*. Paris: CNRS-Éditions, 2012.

TOCQUEVILLE, A. de. *Textes essentiels*. Paris: Pocket/Agora, 2000.

_____. *De la démocratie en Amérique*. Paris: Gallimard, 1951, v. I, t. 4.

_____. *L'avenir de la démocratie*. Paris: Gallimard, Paris, 2010, t. 1 a 3.

TODOROV, T. *La vie commune*. Paris: Seuil, Points, 1995.

VEYRAT-MASSON, I. (dir.) *Médias e élections. La campagne présidentielle de 2007 e sa réception*. Paris: L'Harmattan /Ina-Éditions, 2011, pp. 2008-11.

WEBER, M. *Économie e société*. Paris: Plon, 1971.

_____. *Le savant e le politique*. Paris: La Découverte/Poche, 2003.

O autor

Patrick Charaudeau é professor emérito da Universidade de Paris-Nord (Paris XIII) e fundador do Centre d'Analyse du Discours (CAD) dessa mesma universidade. Criador de uma teoria de análise do discurso, denominada Semiolinguística, é autor de diversas obras, entre as quais quatro traduzidas no Brasil: *Discurso político, Discurso das mídias, Linguagem e discurso: modos de organização* e, em parceria com Dominique Maingueneau, *Dicionário da análise do discurso*, todas publicadas pela Editora Contexto. Na França, é autor de vários livros, capítulos de livros e revistas, todos dedicados aos estudos discursivos.

LEIA TAMBÉM

DISCURSO POLÍTICO

Patrick Charaudeau

O discurso político é, por excelência, o lugar de um jogo de máscaras. Toda palavra pronunciada no campo político deve ser tomada ao mesmo tempo pelo que ela diz e não diz. Jamais deve ser entendida ao pé da letra, numa transparência ingênua, mas como resultado de uma estratégia cujo enunciador nem sempre é soberano. Patrick Charaudeau mostra o que escondem e o que revelam os políticos quando falam e quais os artifícios que utilizam para persuadir e seduzir os seus interlocutores. Coloca em evidência, ainda, as condições gerais de emergência e as estratégias que se oferecem a todo ator político, quaisquer que sejam as idéias e as posições por ele defendidas, e demonstra como uma mesma estratégia pode ser empregada em lugares diferentes do tabuleiro político. Leitura atual, leve e atraente, destaca as questões do poder e da legitimidade da palavra política.

Leia também

DISCURSO DAS MÍDIAS

Patrick Charaudeau

As mídias nos manipulam? Acusações não faltam: sensacionalistas, deformadoras de declarações, descontextualizadas, a serviço de rumores. Em sua defesa, as mídias declaram-se instância de denúncia do poder e destacam sua atuação no direito democrático que todo cidadão tem de se informar. Fugindo ao maniqueísmo, com um olhar profundo de especialista em análise de discurso, e baseado em inúmeros exemplos, Charaudeau destrincha a complexa máquina midiática: as restrições, as especificidades de cada gênero, os modos de organização e as estratégias de encenação em funcionamento no discurso da informação. Questiona as práticas do "mostrar a qualquer preço", do "tornar visível o invisível" e do "selecionar o que é o mais surpreendente", que proporcionam uma imagem fragmentada do espaço público. E, finalmente, traça um paralelo entre a responsabilidade das mídias e a do cidadão.

CADASTRE-SE
EM NOSSO SITE,
FIQUE POR DENTRO DAS NOVIDADES
E APROVEITE OS MELHORES DESCONTOS

LIVROS NAS ÁREAS DE:

História | Língua Portuguesa
Educação | Geografia | Comunicação
Relações Internacionais | Ciências Sociais
Formação de professor | Interesse geral

ou
editoracontexto.com.br/newscontexto

Siga a Contexto
nas Redes Sociais:
@editoracontexto